HERMES

在希腊神话中，赫耳墨斯是宙斯和迈亚的儿子，奥林波斯诸神的信使，道路与边界之神，睡眠与梦想之神，亡灵的引导者，演说者、商人、小偷、旅者和牧人的保护神……

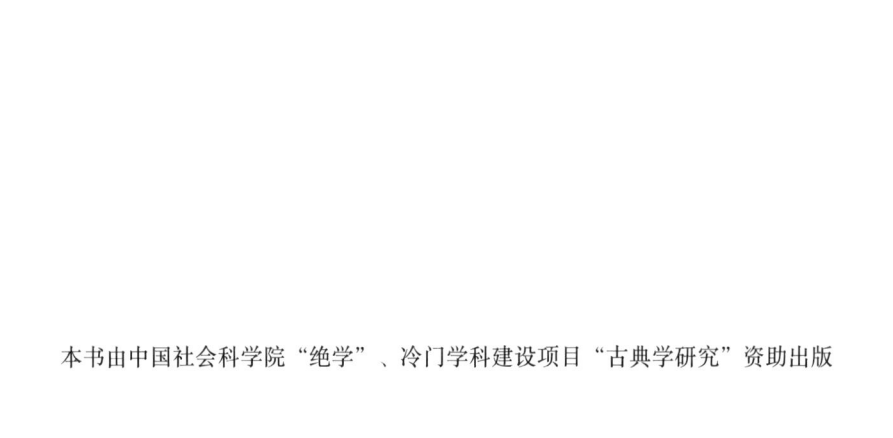

本书由中国社会科学院"绝学"、冷门学科建设项目"古典学研究"资助出版

经典与解释 古今丛编
HERMES
中国社会科学院外国文学研究所
古典学研究室 编
主编 刘小枫 贺方婴

与诸神相伴的夜晚

Nights with the Gods

［英］埃米尔·赖希（Emil Reich） 著

王双洪 译

中国社会科学出版社

图书在版编目（CIP）数据

与诸神相伴的夜晚 /（英）埃米尔·赖希（Emil Reich）著；王双洪译. -- 北京：中国社会科学出版社，2025.7. --（经典与解释）. -- ISBN 978-7-5227-5154-2

Ⅰ. B1

中国国家版本馆 CIP 数据核字第 2025NX3020 号

出 版 人	季为民
项目统筹	朱华彬
责任编辑	郝玉明
责任校对	谢　静
责任印制	李寡寡

出　　版	中国社会科学出版社
社　　址	北京鼓楼西大街甲 158 号
邮　　编	100720
网　　址	http://www.csspw.cn
发 行 部	010-84083685
门 市 部	010-84029450
经　　销	新华书店及其他书店

印刷装订	北京君升印刷有限公司
版　　次	2025 年 7 月第 1 版
印　　次	2025 年 7 月第 1 次印刷

开　　本	880×1230　1/32
印　　张	6.625
字　　数	170 千字
定　　价	49.00 元

凡购买中国社会科学出版社图书，如有质量问题请与本社营销中心联系调换
电话：010-84083683
版权所有　侵权必究

出版说明

1953年2月，新中国成立第一个国家级文学研究所，涵盖中国文学学科和外国文学学科。1955年6月，中国科学院设立哲学社会科学学部等四个学部，文学研究所遂隶属于中国科学院哲学社会科学学部，其外国文学学科下设四个组，即苏联文学组、东欧文学组、东方文学组和西方文学组。

1957年7月，在"古为今用、洋为中用"的文化方针引领下，文学研究所创办《文艺理论译丛》辑刊，"旨在有计划、有重点地介绍外国的美学及文艺理论的古典著作"，1959年年初停刊，共出版6辑。同年，文学研究所制订"外国古典文学名著丛书"和"外国古典文艺理论丛书"编译计划。1961年，《文艺理论译丛》复刊，更名为《古典文艺理论译丛》，同时创办《现代文艺理论译丛》，历史地刻写了文学研究所外文组古今并重的学术格局，"为新中国文艺理论界提供了丰富而难得的参考资源，成为公认的不可缺少的资料库"。

1964年9月，为加强对外研究，经毛泽东同志批示，中国科学院哲学社会科学学部以文学研究所下辖的四个外国文学组，加上中国作协《世界文学》编辑部，另行成立外国文学研究所。自晚清以来，我国学界译介西方文明古今典籍的学术生力终于有了建制归属。

时世艰难，国际形势的变化很快中断了外国文学研究所的新生热情。《古典文艺理论译丛》在1965年停办（共出版11辑），"外国古典文艺理论丛书"选题39种，仅出12种。

1977年，中国科学院哲学社会科学学部独立组成中国社会科学院。值此改革开放之机，外国文学研究所迅速恢复"外国古典文学名著丛书"和"外国古典文艺理论丛书"编译计划，"分别删去两种丛书中的'古典'二字"。显然，译介西方现当代学术文籍乃我国新时期发展所亟需。1979年，外国文学研究所推出大型"外国文学研究资料丛书"，开创了经典与解释并举的编译格局（至1993年的15年间，出版近70种），尽管因人力所限无法继续秉持古今并重的编译方针。

1958年出版的《文艺理论译丛》（第四期）曾译介过十九世纪法国著名批评家圣·佩韦（1804—1869，又译"圣勃夫"）的文章《什么是古典作家》，其中对古今作家之别有清晰界定。classique这个语词引申为"经典作家"的含义时，起初仅仅指古希腊的荷马、肃剧诗人和柏拉图等。大约公元二世纪时，罗马人也确认了自己的古典作家——西塞罗和维吉尔。但自但丁（1265—1321）、乔叟（1340—1400）、马基雅维利（1469—1527）、拉伯雷（1494—1553）、蒙田（1533—1592）、塞万提斯（1547—1616）、莎士比亚（1564—1616）以来，拉丁欧洲也有了自己的古典作家，他们与新兴王国或者说领土性民族国家的形成有关。1694年，法兰西学院的第一部词典把classique界说为"具有权威的古代作家"，而十九世纪的圣·佩韦则认为，这种界定过于"拘束"，现在是时候"扩大它的精神含义"了。因为自"拿破仑帝国时代"——如今称为"大西洋革命时代"——以来，只要作品"新鲜"或"多少有些冒险性"就能够成为classique。由此看来，在今天的中国学人面前，实际上有两个品质不同的西方古典文明传统，以及自启蒙运动以来形成的现代欧洲文明传统。

从1959年的"外国古典文学名著丛书"和"外国古典文艺理论丛书"编译计划，到1979年的"外国文学研究资料丛书"编译计划，记录了前辈学人致力于整全地认识和译介西方文学传统所付出的历史艰辛，尽管因时代所限，对两个西方古典文明的基础文本及研究文献的编译刚刚开始就中断了。2002年，古典文明研究工作坊创设"经典与解释"系列丛书和专题辑刊，意在承接数代前辈学人建设新中国学术的坚韧心志，继续积累可资参考的学术文献。

2023年12月，在"两个结合"的学术方针激励下，外国文学研究所正式设立古典学研究室。值此之际，我们开设"经典与解释·古今丛编"，志在赓续三大编译计划的宏愿，进一步型塑古今并重和经典与解释并举的编译格局，同时向普及性整理中国文史典籍方面拓展，为我国的古典学建设尽绵薄之力。

中国社会科学院外国文学研究所
古典学研究室谨识
2024年5月

目 录

译者前言 …………………………………………… 1
前 言 ……………………………………………… 1

第一夜　亚里士多德论英格兰专业主义 ………… 1
第二夜　第欧根尼与柏拉图论托尔斯泰、易卜生、
　　　　萧伯纳等 ………………………………… 29
第三夜　阿尔喀比亚德论英格兰女性 …………… 59
第四夜　阿尔喀比亚德（续）……………………… 91
第五夜　恺撒论下议院 …………………………… 123
第六夜　阿波罗与狄俄尼索斯在英格兰 ………… 146
第七夜　苏格拉底、第欧根尼与柏拉图论宗教 …… 164

译者前言

1908年，出版商兼书商托马斯·劳里（Thomas Werner Laurie）刚在伦敦注册了自己的出版社，就推出了这部《与诸神相伴的夜晚》，可以看出，这位出版商的品味是，注重思想性与学术性，偏好探讨民族性、帝国命运、文化认同等主题，他针对的读者群体为知识阶层。作为英国爱德华时代（1901—1910）文化出版的代表，劳里出版社早期出版的图书集中反映了当时知识界对现代性、帝国衰落、文化冲突的焦虑与反思。

赖希（Emil Reich）的重要著作几乎全部在所谓的爱德华时代出版。这个时代主要指20世纪前十年爱德华七世在位的时期，也有史学家将时间延长至第一次世界大战爆发前。爱德华时代常常被浪漫地称为英格兰最后的黄金岁月，它不得不带着旧世界的保守和优雅，在帝国衰落阴影中迎接现代社会变革的光芒。这个时代充满转折的张力和焦虑，社会道德面临冲击，出现了现代消费文化、福利国家的雏形，女权运动也在当中孕育。身处这样一个时代，赖希敏锐地捕捉到英格兰乃至整个欧洲既有的和即将面临的问题。他曾经提出，英国将会因过度依赖殖民地走向衰落，而美国可能会成为"新罗马"。如此大胆的论断，在20世纪初反响强烈。

《与诸神相伴的夜晚》一书几乎回应了变革时代的所有问

题、帝国的扩张和衰落、政治制度与文明进程之间的互动、地缘关系对国际政治的影响、道德风尚的变化、女权主义的萌芽、科学理性与宗教改革对传统信仰的冲击等。这部作品以文学对话的形式展开，古希腊诸神和先贤与现代人对话，交流探讨对现代问题的看法。这种以古今之争的问题框架展开对话的写作方式，是一种西方古老写作传统的延续。

赖希，1854 年 3 月出生于奥地利帝国（1867 年后为奥匈帝国）的一个犹太家庭，后皈依基督教。他早年在布达佩斯求学，获得法学博士学位后，在美国、法国、英国等各地游历、讲学，最后定居英国。1910 年，赖希去世，安葬于肯萨尔格林公墓（Kensal Green Cemetery）。赖希学识渊博，早年就接受多语言教育，精通匈牙利语、德语、法语、英语、拉丁语和希腊语。他的研究更是涵盖了历史、哲学、文学、政治理论等领域。赖希的游历、语言、学养构成的丰厚生命底色造就了他开阔的视野，写作的跨学科性以及非欧洲中心的研究视角增加了其作品的魅力。赖希的作品在当时就产生了广泛影响，孙中山先生在上海的故居收藏有赖希的《国家间的成功》（*Success Among Nations*），其著作影响之大、流布之广可见一斑。

赖希具有强烈的现实关怀，同时具备深厚的古典学养。他曾经讲授关于柏拉图的课程，一度表示，自己"要努力基于柏拉图的思想来处理现代生活"。《与诸神相伴的夜晚》一书出版于赖希去世前两年。在这本薄薄的小册子中，赖希以轻松诙谐甚至刻薄的语言，带出了尖锐的问题和深刻的思想。作者虚构了希腊诸神以及英雄、哲人、剧作家、政治人物在现代城市的聚会。作品以他推崇的柏拉图式的对话形式展开。不同的是，柏拉图的对话主要是在苏格拉底和同时代人之间展开，而赖希的对话却发生在古希腊诸神及古人与现代人之间。他们共同置身于现代生活境遇当中，对现代生活中出现的问题，分别从古人和今人的立场展开讨论。诸神与人、古人与今人聚会于现代欧洲，共度了七个美好的夜晚。专业主义、女性主义运动、现代科学理性与传统宗教、现代地缘政治，以及文学、音乐等反映出的社会风尚等问题都在对话中出现，充满了古今之间的张力。

故事开场，宙斯让亚历山大请他的老师亚里士多德讲述在现代社会学习研究的经历，当作笑话来娱乐在场的众人。话题从讨论英国的专业主义开始。亚里士多德化身年轻学生拜访了几位大学教授，其中一位历史学教授声称，"历史是不折不扣的科学，由一长串专业特长构成"。历史学教授强调专业分工，自称他的研究领域是"公元1234年的午后"，第欧根尼则戏谑地建议历史学教授研究公元1234年的晚上，这样一来，教授的工作量会大大降低。历史学教授认为"真正的历史学家只追求事实，对于思想而言纯粹是外行和业余"。他们只需要相互重复一个又一个事实就够了。另一位哲学教授研究亚里士多德的《动物学》，而亚里士多德本人却在哲学教授关于《动物学》的测试中不及格，因为他不够专业化，教授认为专业化是树立权威的必要前提。

> 专业体系中，每个人只需要研究一个非常细微的东西，他不必担心太多竞争，但是可以期待独享权威。……他们每个人都将研究哲学之树上的一根枝干上的一个小枝条的一小部分；或者更好的是，只研究这个枝干的枝条上的一片树叶；最后，只是这样一根枝干上的这样一个枝条上这样一片叶子上的一滴露珠。如此，我们完成了我们的权威之网。

亚里士多德虽然最早对知识进行了分类，但他同时强调知识和视野的整全。赖希通过亚里士多德之口，讨论了日益精细的专业分工带来的负面问题，整全视野的消失让人变成只有细枝末节却缺乏思想的知识爬梳者。

宙斯想了解现代人的剧院状况，因为文学和戏剧是生活的反映。亚里士多德推荐第欧根尼，认为他是谈论这个话题的不二人选。第欧根尼将萧伯纳、托尔斯泰、易卜生等人视为犬儒派在现代世界的门徒，因为他们都批判政治与权威，反对战争。易卜生极度憎恨所有权威，萧伯纳毁掉了婚姻与家庭的根基，法郎士向圣女贞德这样的理想形象扔泥巴。他们都以极端的方式否定社会规范与传统价值观。而诸神的反应则是维护传统的道德形象——当第欧根尼提到他的现代门徒要攻击圣女贞德时，诸神向"把贞德揽在臂弯里的雅典娜"鞠躬致意。宙斯认为，犬儒派是只知道不停叮咬的蚂蚁，但他们的工作也绝非全然没有意义。宙斯针对犬儒派的态度很节制，他将评论现代犬儒派的任务交给了柏拉图。而区分真理与效果是柏拉图评价现代犬儒派的前提。柏拉图指出，那些只追求真理和美的智慧作品，可以称为真理论（alethology），而那些旨在追求效果的作品，就称为效果论（effectology）。现代犬儒派托尔斯泰、易卜生、萧伯纳这些人，"从效果论意义上来讲意义非凡，而在真理论的意义上来讲，却微不足道"。他们写不了戏剧和小说，其作品是以小说或者戏剧形式出现的宣传册子。

尽管所有人口头上都尊敬苏格拉底，但他们行动上却追随了安提斯忒涅的学生。由安提斯忒涅创建的犬儒学派孕育了斯多亚学派；而斯多亚学派是基督教得以兴起和传播的主要因素。我们曾在雅典取笑的犬儒学派的许多言论、教义和行为，早已成为基督教思想和制度的肌理。在安提斯忒涅或第欧根尼与圣保罗之间的相似之处以及精神上的亲近，远胜于苏格拉底与希波的圣奥古斯丁之间的关系。

柏拉图认为现代犬儒派的所谓严肃著作既不严肃也不是著作，但这些作品却拥有伟大的效果。他们攻击现存传统与文明，历来是大规模民众运动的先驱。现代犬儒派的影响不在思想上，也不在艺术上，而是在行动上。因为在长久和平的年代，不满现状的人总是数量巨大，所以现代犬儒派周围吸引了一批以反抗姿态出现的人，柏拉图称这些人是"是什么（What Is）的敌人与应该是什么（Ought To Be）的热心友人"。

在对话中，苏格拉底、柏拉图、亚里士多德等先贤和希腊诸神显然在智识上高于现代人，赖希在字里行间以不同方式暗示着古今的高低之别。他化用柏拉图的航船喻，将追求绝对理性和科学统治的社会比作航船，而船员终将因厌倦吞食科学药片而导致航船沉没。他将后世对亚里士多德著作的注释比作天花瘟疫和毁灭庞贝古城的岩浆，以此来讽刺现代人对古典思想的歪曲和背离。

赖希与尼采在生活年代上有交集，他是较早认识到尼采思想分量的学者，他不仅讨论了现代欧洲国家间的战争和强力意志，还在作品中多次谈及日神精神与酒神精神的平衡，如宙斯表示，"我从未允许理性不在非理性的帮助下独自统治"。在《与诸神相伴的夜晚》中，唯一一位与诸神和先贤处于同一高度的现代人是尼采，赖希或许正是以这种方式表达对尼采的敬意。尼采"超越了时空，振着鹰一般思想的羽翼扶摇直上"，飞升到诸神的高度。

在关于不同论题的讨论中，对主要对话者和讲述者的选择显示了赖希细致巧妙的心思。他让西方最早给知识系统分类的亚里士多德转述现代知识人的极端专业主义；让英俊风流的美男子、政治人阿尔喀比亚德谈论维多利亚时代晚期女性的虚伪造作和英国女权运动；让苏格拉底、柏拉图谈论科学与宗教；而谈论现代议会制度的则是恺撒，因为古罗马的政制深深影响了现代欧洲。

  赖希的语言轻松幽默，对问题的分析可谓鞭辟入里、入木三分。他以跨学科的整全视野，为读者展现了现代社会风尚之怪现象，切问现代社会的脉象，讨论帝国衰落、现代政治制度弊端、民族性与地缘博弈、现代理性主义对宗教信仰的解构等诸多问题，预见现代性发展引发的病症，提醒现代人，在与诸神和古人共度的夜晚中或许能找到缓解现代病的良药。对于古今之争的亘古论题，对于逃无可逃、避无可避的现代性困境，赖希的著作仍有着重要意义，可以说，赖希仍然是思想史中值得重访之人。

  翻译这本小册子，得益于退役上校李世祥博士发现了赖希这本书并推荐给我，在文学和哲学之间游走的兴趣，让我对这本以文学笔法写就的有关哲学、宗教、政治等诸多问题的书爱不释手。牛老师和小余对工作的认真与负责，也加速了翻译工作的进行。谢谢日渐长大、我们彼此得以拥有更多独立空间的子源，和你一起经历童年、青春也是一种修行和成长。最后也是最重要的，要谢谢小枫老师，他讲授柏拉图、亚里士多德、尼采等先贤的课堂，就是我与诸神相伴的一个个夜晚，他在绷紧的古今琴弦上，一次次奏出旋律或疾或徐的乐章，曾无数次触动过我的灵魂。

王双洪

2025 年 3 月

北京市海淀区百望山

前　言

　　过往的伟大灵魂最近重临了英格兰，他们多数是古希腊人，为了就英格兰的当代生活交流见解，他们夜晚在意大利的多个小城集会，在那里，承蒙狄俄尼索斯相助，笔者得以出席集会，并在集会过程中做记录。下面这些文字包含了诸神和英雄们集会时发表的讲词。

作者

伦敦西区

诺丁山

圣卢克路33号

第一夜 亚里士多德论英格兰专业主义

[1] 第一个夜晚,诸神与众英雄在佛罗伦萨周边的高地集结。这座宏伟的城镇散发出一抹微弱的光亮,阿诺河(Arno)的浪花发出珠玉之声,翻滚着流向大海。在一处遍布观景平台的高地上,可以看到阿诺河的睡莲、费耶索莱、峰峦起伏的亚平宁山脉,① 集会者们在这里坐了下来。远远看去,小山上米开朗基罗的大卫复制品的轮廓映入眼帘。夜色迷人,暗香流动。集会一开始,宙斯直接要马其顿国王亚历山大请他的老师亚里士多德用自己在现代世界学习、研究的体验来娱乐众人。亚历山大请求亚里士多德,岁月让这个严肃的斯塔吉拉人柔和下来,② 亚里士多德对集会者们这样说:

我所经历的尘世生活,阅读,收集大量的自然事物以及动物,最深入地思考各行各业的人们提供给我的事实,我通过这些来获取某种统一的知识。我过去认为,现在仍然认为,就像自然

---

① [译按] 费耶索莱(Fiesole),佛罗伦萨的小城,是俯瞰整个佛罗伦萨美丽风光的最佳观景点。小城历史悠久,可以追溯到古罗马,城中有很多历史遗存,比如罗马时期的公共浴室、剧院以及城墙遗址等。城中有许多中世纪的修道院和教堂。

② [译按] 斯塔吉拉人(Stagirite)指亚里士多德。亚里士多德(Aristotle,公元前384—前322),古希腊马其顿人,出生在斯塔吉拉。

是整一的一样，知识也应该［2］是整一的。我写下大量的论文，哦，宙斯，感谢神，这些论文大部分躲过了注释的天花瘟疫，因为那些作品从未落入凡人们（the little ones）手中。① 虽然我一直喜欢细节和单一的事实，但我却从不曾忽视事实之间的关联。就像一枚硬币，无论一便士还是一金镑，只要没有刻上君主的头像，就算不上货币，同样，一个事实如果不附加一种潜在普遍原则的形象，它就没有科学价值。我把这个伟大的真理传授给了我所有学生，并且希望人们能在他们全部研究中用心审视。当我来到凡人们中间，我希望他们依照我教给他们老师的那样去做。然而，哦，宙斯，我发现了最为有趣的事情。

在造访他们所说的大学时，我碰巧先拜访了一位教授，他说自己研究历史。在我所处的时代，我认为历史并不像诗那样暗示哲学真理。自那之后，我的观点有所改变。理所当然，我出于好奇想知道我的历史教授对此有什么看法，于是我就此询问了他。他面带怪异的微笑看着我说："我年轻的朋友啊（——我装扮成学生的样子），我年轻的朋友，历史是不折不扣的科学。因此，它由一长串专业领域构成。"我怯生生地问道："哪一个是你专攻的时段？"教授随之严肃地说："公元 1234 年的午后。"

集会当时在场的每个人，包括圣方济各（St. Francis of Assisi），在亚里士多德讲到这儿时都笑了起来，［3］第欧根尼大声说："为什么这位好人没有选择那一年的夜晚呢？这将大大减轻他的劳动量。"

这句俏皮话引发了哄堂大笑。亚里士多德继续讲他的故事，他说道：

---

① ［译按］原文 the little ones 直译是"小家伙儿"或者"孩子们"的意思，在本书中，诸神和英雄们多次用这个词来称呼尘世的普通人，这里意译为"凡人们"，下文同，不再一一注出。

当那位教授见我觉得他的陈述有点好笑时,他对我皱起眉头,用低沉的声音大声说话,再加上频繁的结巴,正如我后来了解的,这正是他们措辞的主要吸引力所在,"我年轻的朋友,你必须学会理解,我们现代的历史学家已经发现了如此微妙、如此有效的方法,恕我直言,在某些方面我们甚至比神们还要强大。因为诸神无法改变过去;但是我们现代的历史学家能够做到。我们生活中的每一天都在做这件事儿,我们当中有些人已经练就了一项非常了不起的技能"。

亚里士多德讲到这儿的时候,荷马的笑声吸引了在场的所有人,阿里斯托芬拍了拍这个斯塔吉拉人(亚里士多德)的背说:"请考虑一下,咱们约好啦。在我下一部最好的谐剧演出中,你来做我的主角。"亚里士多德彬彬有礼地向他道谢,并说道:

我自然非常好奇,很想知道我的历史学教授如何看待我那个时代以及我祖先那个时代的伟大的希腊人。我提及荷马。我刚说完,教授就爆发出了粗鲁而轻蔑的大笑。

"荷马?"他惊呼道,"荷马?——你说的是谁?荷马只不过是一个由街头民谣歌手组成的多人组合,通过一个延时的过程,他们将对现当代事件的反应投射到遥远古代,[4]通过众所周知的文学渲染,史诗融合,以及宗教、神话的创作、潜意识的模仿等方法,拼凑出来的一个伟大诗人的样子。"

教授继续说:

"我年轻的朋友,我们的评论方法如此敏锐,打个比方,我们可以通过观察一个人在沙滩上行走的脚印,来辨认出他袖口上用的是哪种纽扣。

"可怜的居维叶（我尊敬的一位同事，他过去常说：①'给我一颗动物的牙齿，我会重建出这个动物身体的其余部分。'和我们相比，居维叶的功绩算什么呢？他仍旧需要一颗牙齿，仍旧需要牙齿这种笨拙且看得见摸得着的东西，也许是一颗磨牙。而我们，历史上的超居维叶（super-Cuviers），我们不再需要一颗牙齿，就像不需要牙疼；我们什么都不需要。不需要牙齿，不需要脚印，什么也不需要。难道这不神圣吗？我们组成了一个无中生有俱乐部（Ex Nihilo Club）。② 我们一无所有，我们一无所求，然而却给出一切。尽管我们没有可以站立的腿，没有可以咬合的牙，但我们坚定地证明荷马不是荷马，而是有许多荷马。难道这不是很奇妙吗？即便如此，我年轻的朋友，这也只是小事一桩。我们完成了更伟大的事情。

"这些古希腊人（我得告诉你，这些家伙相当聪明，其中更是有些人还能写出合乎语法的希腊文），这些杰出的古希腊人中，有一个叫亚里士多德的人。他写有大量的著作；当然，并没有他自以为的那么多。因为我们已经用我们'无中生有'的方法证明了，他自以为是自己写的很多著作并非出自他的手笔，而是他

---

① ［译按］居维叶（Cuvier, 1769—1832），法国古生物学家，解剖学和古生物学的创始人。他提出了"器官相关法则"，认为动物的身体是一个统一整体，身体各部位的结构都有相应关联。比如反刍动物有磨碎粗糙纤维的牙齿，就有相应的嚼肌、上下颌骨和关节，有相应的消化系统，等等；而肉食动物具有捕捉猎物的相应运动机能，还要有相应的消化肉食的系统构造。

② ［译按］Ex Nihilo Club 这个表达巧妙地借用了拉丁短语 Ex Nihilo，字面意思是"从无中而来"。在宗教和哲学上，Ex Nihilo 常与上帝从无中创造宇宙的概念联系起来。这里作者可能意在讽刺，表明那些批评家在几乎没有任何证据的情况下构建起复杂的理论。暗示他们的结论不切实际，毫无根据。

口述的。[5]我们已经说了这么多（尽管我自己已经对我们非凡的功绩习以为常，但有时对我们的聪明才智还是感到目瞪口呆），我们已经做了很多，来证明亚里士多德在口授自己的著作时反复被打断，或者因为信件，或者因为电话留言，这造成了作品的缺漏和其他一些不足之处。

"好了，这位亚里士多德（因为，我们尚未将他变成复数，尽管我——我认为这是你无法想象的，我年轻的朋友）——这位聪明人留给我们许多著作，其中一部叫《政治学》。这部书的质量还说得过去，并且有人说，即便有些可疑之处，但从中还是能学到一些东西。当然，也有人说，没有哪位教授从《政治学》中学到过什么。这纯粹是诽谤。看看教授们大量的注疏。当然，我们怎么能接受亚里士多德那些明显的谬误呢？想象一下，这个亚里士多德想让我们相信，几乎所有的希腊城邦都由一个人在某种情况下建立起来，配备了一种政体，总而言之，这些完全由一个人完成。比如，斯巴达由一个叫吕库戈斯的人建立，他一个人来负责梳洗、穿衣、吃饭和教育。多么荒唐可笑！

"正如我们已经证明过的，荷马的诗，就只是一本由无限责任的股份公司炮制的书，我们又怎么能承认像斯巴达这样一个庞大而又著名的国家是由一个人组织、裁剪、缝制、填充并建立的呢？进化论将何去何从？如果一个像斯巴达这样的国家由一个人在几个月的时间里建立起来，那么进化论必须拖上经年累月又作何解释？为什么，进化论会无聊透顶，厌倦至死。我们能承认这一点吗？我们能让进化论消亡吗？[6]难道进化论不是可爱、方便又得体吗？难道进化论不是在家里也大有用处，以至于我们没有进化论，就会不幸福吗？去相信斯巴达这样一个庞大而重要的国家完全由一个人建立起来，就像是在说，我的同事，动物学教授，拿着一瓶一先令的保卫尔牛肉汁（Bovril），用里面的东西重新塑造了一头昂首阔步走进他教室的活牛。哈哈哈！非常好的笑话。（秘书！把它记入我的餐桌谈话！伏尔泰式的笑话，严肃却不沉重。）

"现在，你看，我年轻的朋友，在那个重要的问题上，亚里士多德犯了极为幼稚的错误；甚至在许多其他问题上也同样犯了错。我们已经废除了所有古代的建国者。罗慕路斯是个神话，忒修斯也是；还有摩西、参孙也似乎如此，更不用说大利拉了。① 每个声称建立了城邦的人都是如此。既然他从未存在过，他怎么能建立什么东西呢？除非是个思想的国度，否则任何国家，我认为没有任何单独一个人能建立一个城邦国家，我能说自己建立了一个城邦吗？或者建立任何国家？我能这样说吗？当然，我不能。那么，吕库戈斯又怎么可能？② 他是法学博士（LL. D）吗？他是不列颠科学院（The British Academy）的成员吗？③ 他是牛津大学的教授吗？他给英国《泰晤士报》（*Times*）写过海量的书信吗？他订阅了像《旁观者》（*The Spectator*）这样体面的刊物

---

① ［译按］罗慕路斯（Romulus），传说中古罗马的建城者；忒修斯（Theseus），古希腊英雄，神话中雅典的国王，改革者，将阿提卡地区的居民集中起来，建成一个统一的雅典；摩西（Moses），《圣经》中犹太人的先知、领袖、立法者，带领以色列人出埃及，犹太民族的创立者；参孙（Samson），希伯来圣经中提到的最后的古代以色列士师之一，上帝赋予了他超自然的力量，他也常被称为"力士参孙"；大利拉（Delilah），希伯来圣经《士师记》中的人物，参孙的情妇，最后背叛了参孙。

② ［译按］吕库戈斯（Lycurgus），斯巴达的立法者和改革者，他为斯巴达的政治稳定、军事强大奠定了坚实基础。

③ ［译按］不列颠科学院（The British Academy），全称是"促进历史、哲学和语文学研究的英国科学院"（The British Academy for the Promotion of Historical, Philosophical and Philological Studies），是英国人文和社会科学院，与英国自然科学院-皇家学会相对应。不列颠科学院成立于1902年，注册为慈善机构，是一个独立的学者自我管理的科学组织。

吗？谈论诸如此类的事情真是可笑。吕库戈斯建立了斯巴达！真逗，让人无语。所有这些都是神话故事（myths）。凡是我们不能理解的一些事情，我们都称之为神话故事；由于我们理解不了的事情有很多，所以我们的神话故事每天都获得大丰收。我们满是神话故事。我们就是活生生的神话学（mythology）。"

亚里士多德继续说：[7] 对于他这段长篇大论，我尽可能平静地反驳，我说道，我们希腊人曾有过与现代迥然相异的国家，就像现代的教会系统完全不同于我们的宗教体系；所以如果有人试图说服我们那个时代的雅典人，几百年后会有教宗，或者单独个体声称并且得到了所有国家所有信徒的绝对服从，那雅典人宁愿发疯也不愿相信这种胡说八道。因为，于他而言，作为一个希腊人，一定会觉得难以置信，一位普世的教宗职位居然会被容忍；或者，换句话说，单独一个人竟然被赋予如此无限的精神权力。我说这些话的时候，表面上充满敬意；但是我的教授却越来越失控。

"什么"，教授说，"你为什么要扯上教宗？我们谈论的是吕库戈斯，不是教宗。吕库戈斯是基督徒吗？让我们紧扣主题。那就是吕库戈斯从来没有存在过，因为如此多的毫无疑问真实存在的教授，都否认他的历史存在。现在，要么你否认教授们的存在，你不能这么做；要么你否认吕库戈斯的存在，你必须这么做。存在不能包含不存在。因为不存在是对存在的否定，不是吗？既然教授们存在，他们的不存在会让我们卷入与他们、与我们自己、与每日新闻最令人恼火的矛盾中。然而，这将是一场灾难，如此可怕，让人想都不敢想。因此，吕库戈斯并不存在；古希腊或罗马时代的任何其他建国者也不存在"。

教授继续说：

"实际上，你仔细想想这件事儿，除了我们自己，[8] 没有人曾经存在过。亚当没有存在过,他将在所有事物终结时(at the end of ends)出现。俗众所理解的整个世界的概念都错了。那些古老的希腊和罗马英雄,像阿里斯托梅涅斯、科里奥兰纳斯、辛辛那图斯,① 他们一天都没存在过。多利安人迁徙、十二铜表法和许多其他所谓事件都没发生过。② 这些都是校长们为了考试而发明的。德拉古法典③存在过吗?荒唐。那个亚里士多德提到过这部法典,但是显而易见,他是为了赶时髦发明了它们,或者是为了自己的考试。

"俗众总是问我,历史是否会重演。看在老天的份上,这和我有什么关系?历史学家们互相重复就够了,因为正是通过这种方式,历史真相得以确立。难道那些伟大的商业巨头不就是这样建立他们的声誉吗?他们不断重复'最好的家具在斯泰普','最好的家具在斯泰普',一年365天,每天在365份报纸上重复。通过重复同一件事情,他们确立了真相。我们历史学家们也这么做。这是生意。在这种情况下,历史是否重演又有什么关

---

① [译按]阿里斯托梅涅斯(Aristomenes),传说中美塞尼亚国王,因美塞尼亚战争中与斯巴达人的斗争以及在艾拉山对斯巴达人长达11年的对抗而闻名。科里奥兰纳斯(Coriolanus),古罗马将军,以军功著称,多次击败针对罗马的反抗斗争,莎士比亚著有同名悲剧。辛辛那图斯(Cincinnatus,公元前519—前430),罗马贵族、政治家,公元前460年担任执政官,是古罗马的早期英雄,古罗马德性的典范。

② [译按]多利安人迁徙(Doric Migration),公元前1120年至公元前950年前后,居于希腊北部和西北部的多利安人,人口不断增加,屡遭旱灾、饥荒之苦,遂举族南迁,希腊史传统将这次民族大迁徙称为多利安人侵略;十二铜表法,古罗马在大约公元前450年制定的法律,是罗马法的重要基础,因各表由青铜铸成(也有说是在着色的木牌上),故而得名,史称古罗马的第一部成文法。

③ [译按]德拉古法典(Draco's laws),雅典著名立法者德拉古于公元前621年制定的雅典第一部成文法典,以刑罚严酷著称。

系呢？

"一个傲慢的家伙出版了一本关于'普遍历史'的烂书，他惊讶于自己在书中为什么没有说'历史在制度中会重演，从不在事件中或者个人上重演'。如此胡言乱语岂能容忍！为什么人的重复和经由人（理解为：历史学家）的重复才是历史的真正灵魂。我们这个国家的人们，在各种时间，在各种纸上说过、写过，[9]'缅甸帝国的衰亡'（Decline and Fall of the Burmese Empire）是拜占庭人或者后拜占庭人写过的最伟大的历史作品。我们如此频繁地说，如此连续不断地说，以至于如今这已经成为公认的真理。谁敢说不是呢？哼，连《每日钉报》（Daily Nail）都会认为，这样说的人不值一提。①

"我们真正的历史学家只追求事实。对于思想，我们纯粹是外行和业余。给我们事实，除了单一的、有限的、中等阶级（middle-class）的事实之外，别的什么都不要。在文人共和国（Republic of Letters），我们不容忍任何高贵的思想（lordly idea），就像不能容忍领主们的思想（ideas of lords）。一个事实和另一个事实同样好，或者比它们更糟。我们最伟大的权威不是教导过吗，大英帝国基于心不在焉（absentmindedness），也就是说，完全没有任何理性的思想痕迹？就像大英帝国一样，英国的历史学家们也是如此，不用说，所有其他的历史学家也是如此。心不在（Mind is absent）。'心（mind）'定期在，而不是必须在。我们这些实心儿的研究者只是为了爬行而从一个事实爬到另外一个事实。"

---

① ［译按］这里的《每日钉报》是虚构的报纸名，可能是对《每日邮报》（Daily Mail）的戏讽，把 mail 改写成 nail。《每日邮报》，英国报纸，风格偏娱乐化，标题耸动，多名人八卦、犯罪故事，文字易读，内容贴近大众生活。

＊　＊　＊　＊

　　诸神和众英雄都被亚里士多德的故事逗笑了，看到亚里士多德继续讲他的求学经历，他们都由衷地高兴。"当我离开这位历史学教授"，亚里士多德继续说，"我感觉有些沉重和无聊，我无法轻易说服自己，经过这么多世纪无休无止的研究，历史研究竟然会陷入如此彻底的混乱。我希望凡人们［10］在哲学上能取得更实质性的进步；为了验证这一事实，我走进一个讲堂，一位教授正在那里滔滔不绝地讲解我的论文《论灵魂》。关于我的这篇短小论文，他刚出版了一部厚厚的书，尽管（或者也许是因为？……）另外一位教授，一个法国人，关于《论灵魂》最近刚出版了一本更厚的书。"

　　亚里士多德说：

　　我听得非常专注，但他所说的我一个字也听不懂。他对我进行了文本批评的、语言学的、解释学的研究，除了理解之外，他几乎做了所有的事情。我感觉我的论文根本不是我的，而是他的。我一度忍不住对教授的解释大声说了句风凉话。他像雷霆一样向我袭来，带着胜利的冷笑向我证明我根本就没有说过我刚才所说的话。在这一点上，我完全不同于他们的一位伟大政治家，那个人说了他曾说过的话。教授对我进行了一次例行测试，并在二十分钟后，正式宣布我在《论灵魂》上不及格。

　　对于我而言，这是一次新奇的体验。的确，在中世纪，我有过多次同样的经历，大阿尔伯特和托马斯·阿奎那（St. Thomas Aquinas）给了我同样的荣耀。① 但是在现代，我还不曾经历过。

---

　　① ［译按］大阿尔伯特（Albertus Magnus，约 1200—1280），天主教多明我会主教和哲学家，他在巴黎大学接触到亚里士多德著作新译本以及阿威罗伊的注释。

第二天，我拜访了那位教授，他住在一所漂亮的房子里，里面堆满了书，其中我看到了很多个我自己的著作的不同版本。

我问他，是否一度对研究灵魂（anima）感兴趣，或者叫作他们所谓的动物心理学。我补充说，亚里士多德显然是这样的，[11] 正如他的著作表明的那样。亚里士多德在考察了植物、动物和人类王国正常的和病态的各种灵魂之后，写下了论文《论灵魂》，那些没有从如此广泛的范围思考这个问题的人，必定无法真正理解其真正意义。啊——你们真应该看看这位教授！他从座位上跳起来，又喝了一杯威士忌加苏打水，然后说："我年轻的朋友，从事科学的第一要务是善于分辨：Bene docet qui bene distionguit［善辨别者，善言］。你谈到动物，它们和人类心理学有什么关系？它们的灵魂由我的同事研究，他专门研究比较心理学；或者更准确地说，由我的几位同事研究，其中一位研究感官的比较心理学；另一位研究情感的比较心理学；第三位研究记忆的比较心理学；第四位、第五位、第六位等等，等等。"

教授说：

"我，我坚持我的观点。我有自己的专业领域。你可能会认为我的专业领域是心理学，或者说是亚里士多德的心理学。完全不是这样，这太含混太笼统。我的专业领域相当特殊，一个独特的专业：亚里士多德心理学的文本。即使这样说有点过；因为我真正称呼我的专业领域为，对据说是亚里士多德所著文本之我理解的版本。

"现在我们终于立于坚实的基础之上。在这种情况下，我们何必为猫和老鼠操心呢？我承认，后者，也就是老鼠，对我来说有那么一丁点儿重要性。它们曾经在某个时期噬咬了亚里士多德的部分手稿，现在我不得不重构它们咬过的内容。对于老鼠而言,我就是它们的一种文字比彻姆药丸。①[12]但说到猫、骡子或者驴呢?它们跟我有什么关系?它们会影响我的文本理解吗?几乎不可能。

"我年轻的朋友,如果亚里士多德本人来找我,我会告诉他:'我的朋友,如果你不接受我对你文本的理解,你就得出局。我是个教授,而你只是个作者。更糟糕的是——你还是位希腊作者。正如神学家确定了福音书语句的意义和价值;正如国家仅凭一份声明就能使一张毫无价值的纸值五英镑;同样,我们所说的就是你亚里士多德说过的。你实际说了什么或者意味着什么都无关紧要;唯一重要的是我们说你说了什么或者意味着什么。'那么,亚里士多德怎么能反驳我对他观点的看法?这在逻辑上不可能。

"难道你不明白,这就是我要发明美好的极度专业化体系的原因。在这个体系中,我们每个人只需要研究一个非常细微的东西,他不必担心太多竞争,但是可以期待独享权威。我们很快会为哲学教授设立职位,他们每个人都将研究哲学之树上的一根枝干上的一个小枝条的一小部分;或者更好的是,只研究这个枝干的枝条上的一片树叶;最后,只是这样一根枝干上的这样一个枝条上这样一片叶子上的一滴露珠。如此,我们完成了我们的权威之网。

"卑劣的敌人们说,我们谈论亚里士多德和柏拉图,就像仆人们在茶房里八卦他们高贵的主人。我们心里有数。你是位年轻

---

① [译按]比彻姆药丸(Beecham's Pill),芦荟、肥皂、生姜的混合物,1842年在英国上市的一种药物,主要用于缓解消化不良、便秘等症状。有记载的最早商业药物广告就始于比彻姆药丸。在此,作者幽默地将教授比作这种药物,暗示教授对亚里士多德文本的作用可能仅浮于字面,对理解内容毫无作用。

人，我会给你一些深刻的建议。如果你想轻而易举地迅速在文学界出人头地，[13] 那就让你的名字攀上举世公认的名流。如果要写，就写伟大的作家或者英雄，不要写鲜为人知的人，要选择荷马、柏拉图、但丁、莎士比亚、歌德或拿破仑。要经常写这些人的独特之处；比如，论荷马史诗中的形容词；论柏拉图著作中的中性冠词；论但丁著作的连词，论莎士比亚作品中的植物知识；关于歌德笔下女人的名字，或者关于拿破仑的帽子。

"到那时，你的名字将不断与荷马、莎士比亚或拿破仑的名字一起出现在公众面前。过一段时间，通过自然而然的思想联系，某种不朽的光辉就会笼罩在你身上。请注意那些最精雕细琢的写手，比如研究莎士比亚的人，他们都几乎毫无例外是最真诚的平庸之辈。然而他们确实是绝顶聪明的谋略家。他们成了'权威'。我们成为权威，并非因为我们是专家，相反，我们引入专业体系，以便被人视为权威。用柏拉图的话来说：我们全部的事业是效果学说（effectology），仅此而已。将这一点铭记在心，你就会成功。"

＊　＊　＊　＊

"离开那位教授之后"，亚里士多德说，"我感觉到，我对专业体系的理解又向前迈进了几步，那些我在所有大学里听到的大受赞扬和敬仰的专业体系。我的朋友们，我不必告诉你们这种体系是多么大错特错。就像人类不用单词思考，而是用一句完整的话来思考一样，[14] 同样，自然（Nature）不是在个别事物（particulars）中运行，而是在整体中运行。个别事物属于我们，不属于自然。在造就个别事物时，我们比较随意。为什么牙科要成为一个专业？为什么我们的 32 颗牙齿不能有 32 个不同的专业牙医？知识领域里的所有专业化都极端随意。毫无例外，在所有系统（organised）思想中那些伟大的、主导的思想都是像毕达哥拉斯、柏拉图这样的整体思考者（wholesale thinkers）提出的，我冒昧补充一下，这样的思想家还有我本人、列奥纳多·达·芬奇、开普勒、牛顿、帕斯卡、莱布尼茨、达尔文。这恰恰是人类不同于动物的地方。所有的动物都是最自负的专家。"

说到这里，第欧根尼打断了亚里士多德的话："亚里士多德，反过来说也成立吗？"

亚里士多德笑着回答说：

我会把对这个问题的思考留给你自己的判断力。我再说一遍，每个动物都是不折不扣的专家。除了对三两件事情有专门的兴趣之外，它什么也不操心。它吃、睡、繁殖；偶尔还会增加某种极其有局限的活动。这就是动物不说话的原因。说话不属于它们的专业领域。动物们不说话与英格兰人不创作优美的音乐、普鲁士人举止不灵活的原因相同。在所有这些情况中，专家的兴趣都在别处。

一位现代心脏病专家会研究肾脏吗？一位外科专家会愿意研究神经吗？即便愿意，一个动物也关心说话。它是个专家；它将自己限定在自己的"事儿"上，限定在"某个点"。凡人们说动物们没有一般观念（general ideas），这就是［15］动物不能说话的原因。但是人类的专家们对所有事物就有整体观念吗？他们没有说话吗？这个论点愚蠢至极，难以言表。

嘿，如果我可以这么说，自然创造人类，是为了在所有被称为动物或者植物的专家中有一些通才（generalists），就像在人类中，她创造了荷马、柏拉图、伽利略和莱布尼茨，以拯救其余人类免于他们过度专业化的邪恶倾向。这是个透明玻璃一般清晰的计划。

数千年前，自然发现，因为有了所有这些无穷无尽的植物和动物专家,她很快就不得不宣布自己破产。一个专家无视另一个专家,或者给另一个专家使绊子、伤害他,让另一个专家陷入瘫痪;他们无法相互理解,因为他们没有共同的利益。自然在困境中创造了人类,与人类发明火车头和电报的原因一样。自然再也不能没有人类。人类正是出于自身的需求,不得不放弃过度专业化。出于各种各样的目的和原因,人类对石头、植物和动物都予以关注。通过消灭最具破坏力的动物物种,人类挽救了数百万其他动物种类的生命,否则这些动物就会被以凶残为专长的动物消灭,比如老虎、豹子和狼。人类对植物也做了同样的事情,对河流和湖泊也是如此。人类让这群自然界专家在混乱中有了一点秩序。

看看大海,在那里,人类无法通过整体的观念运用自己的力量来维持秩序。看看大海中难以形容的无序和混乱,[16]看看大海中庞然怪物和各种生物。它们狰狞丑陋,比如章鱼;它们生命短暂,不,只有几分钟时间,比如水母;它们像鲨鱼一样可怕又懦弱;它们个头儿要么太小,要么太大;除了吃喝之外,没有任何真正的热情。这些狂热无序的专家组成的液体中的群体,使得海洋远不如陆地。在满是专家的大海中旅行的人们,因为糟糕恶心的晕船被激怒,在此基础上建立的帝国一周内被反复摧毁;甚至是在一天内。

被专家们淹没的恐惧,驱使大自然创造出了最为怪诞的生物组合,或者半植物半动物;或者半石头半植物;或者半雌半雄;或者半是陆地动物半是鱼类。为避免专家们的破坏,自然采取的另外一种方法是,只给它们极短的生命周期,只给它们微乎其微的存在机会;或者强制它们组成大型的团体和社群(corporations and societies),比如森林、草原、草甸、种群、群体(troupes)等。

实际上,自然是一支自由的长矛,不断和专家们的恶行作斗争。问问波塞冬，海洋给他制造了什么麻烦；问问艾俄洛斯，①他的生活是怎么被各种风之专家们的疯狂怪癖搞得境遇悲惨。所有这些专业化的癫狂竞赛背后深层的、根本的原因是什么？我用一个词告诉你们，是嫉妒和妒忌（Envy and Jealousy）。在某些国家，嫉妒和妒忌在生活中就是无所不在、无法压制的九头蛇。

拿英格兰来说。她是个民主国家，虽然戴着假面。[17] 因此妒忌是她的公民们的主要特征。几千年前，妒忌发明了铁路、电报、有线和无线的电报、电话、伦琴射线，以及所有其他可恶的机器，空间、时间以及劳作都因这些机器而缩短、剥夺和毁灭。妒忌每时每刻都在向城镇或者整个国家的家家户户发送无线信息。妒忌透视了最为隐蔽的内部，它的毒性比电火花更快地穿透人的血管和神经。

看看这个国家的习俗、社会偏见或者诸多观点。其中超过一半都是被用来消除无处不在的妒忌这个恶魔。为什么一个人要成为专家？因为这种方式能比任何其他方法都更迅速、更可靠地消除妒忌。这使得他由于集中于一点而显得既有力量又谦逊，但事实他既不是谦虚也不是有力量。那只是一种腔调。所谓事实不是别的什么，而只是由不现实、虚假和面具组成。专家并非他那个学科的大师；他是技艺的大师，没有什么比这种技艺更伟大，这种技艺让他人相信你并不是你自己，而是他们想要你成为的人。

自然极度厌恶专家；她宁愿将自己的秘密揭示给疯狂的诗人，也不愿向专家透露。大多数伟大的发明，或者是由"局外人"创造的，或者是由那些尚未来得及僵化成专家的年轻人创造的。在专业化的过程中，除了对自然彻头彻尾的误解之外，什么

---

① ［译按］波塞冬，古希腊神话中的海神；艾俄洛斯（Aeolus），古希腊神话中的风神。

也没有。

自然通过不同部分之间的即时关联与合作来达成一个目的；[18] 专业化就相当于把一个时钟拆成零件，再将零件单独在桌上摆成一行，然后指望它们给你精准报时。

自然中没有进化，只有共同进化（coevolution）；不存在分化，只有共同分化（co-differentiation），凡人们完全忽略了这一切；这就是为什么我的《动物学》中有那么多关于共同分化的论述，他们既无法正视也无法驳斥。谁敢说，什么在自然当中是一个"部分"？手是一个"部分"吗？也就是说，手可以被合理地称为一个"专业（speciality）"吗？或者必须和手臂联系起来研究？或者必须将手与躯体下半身的同源部分一起研究？

同样，什么构成了历史的"时段"？将一百年或一千年分成两、三段或四段吗？或者只分成二十五年或者三十年？谁说得清？一个自称研究 13 世纪的专家的人，难道不正像是一个自称研究夜晚呼吸的专家？

自然的确存在专业化，她的无数专家就是例证。但是，我们知道她是怎么做的吗？哪怕是一知半解？我们能证明为什么鹅有自己奇特的头，而鹳却没有吗？显然不能，因为我们不知道自然称之为部分、称之为专业的是什么。她厌恶专家，正是因为这些人对她专业化的方式知之甚少。

* * * * *

[19] 亚里士多德讲到这一点时，阿里斯托芬请求提出抗议。得到宙斯的允许后，他随即开始："哦，自然与人类的父，我再也不能忍受这个马其顿斯塔吉拉人的谩骂了。亚里士多德在世时很审慎，将他自己的出生推迟到了我死之后，否则我应该像

对待默冬和苏格拉底以及其他哲人那样对待他。① 但在这儿,亚里士多德休想跳出我的手心。想象一下,这个人想要剥夺创造的最大乐趣,这种乐趣是动物和人类中那些有思想的生物才有的。"

阿里斯托芬继续说:

但愿那天晚上他也像我一样,在穿过达灵顿附近那片古老的森林时,② 偶然听到了发生在一只老猫头鹰、一只黑啄木鸟和一只獾之间的对话。猫头鹰坐在一棵桦树上,比平时的位置低一些,而啄木鸟则停下了他在呻吟的树的树皮上的工作,獾离开了他的洞穴,以便享受夜晚凉爽的气息。猫头鹰说:"晚上好,啄木鸟先生,生意怎么样?树皮下有很多虫子吗?"啄木鸟回答说:"夫人,谢谢您,现在有点惨淡,但是一只啄木鸟必须忍受他能够得到的这么多。"

獾接着抱怨他在地底下度过的乏味时光,他希望自己能够再次领略几十万年前那激动的时刻,那时地震和其他灾难使得生存变得有趣。"太对了",猫头鹰说,"森林变得过于文明、过于平静了。但你们看,我的朋友们,我给自己的晚年准备了如此多实实在在的趣事。我曾经访问过一个人类的房间,这个人读了很多书。我请他教我那项技艺。我发现读书很简单,只是 [20] 这些人从左到右沿着直线读,而我习惯了转圈看。"

猫头鹰接着说:

"我完全掌握了这门技艺后,我读了他的一些书。这些书都

---

① [译按] 默冬(Meton),古希腊数学家、天文学家,活跃在公元前 5 世纪,他的主要成就是发现了 19 年周期,史称"默冬周期"。在阿里斯托芬的谐剧《鸟》中,默冬作为一个小角色登场。出场时手持测量仪器,被称为几何学家。在谐剧《云》中,苏格拉底被描绘成一个坐在吊篮中的自然哲人。阿里斯托芬将默冬和苏格拉底视为自然哲人加以讽刺。

② [译按] 达灵顿(Darlington),英格兰东北杜伦郡的一个小镇。

是关于森林里我们诸位的。有一次我偶然看到了关于猫头鹰的一章。你们很容易就能想象得出我有多么感兴趣。还没读几页，我就笑得不行了，教授大怒，让我走开。我确实离开了；但每当他读书时，我也会坐在离他书房不远的树上读。我无法形容那多有趣。

"那些人类讲述关于我们猫头鹰的故事，还有关于你们，啄木鸟先生、獾先生，能讲到连树懒都高兴得手舞足蹈。他们想象自己知道我们怎么看、怎么飞，想象我们如何获取食物，如何搭窝。事实上，他们对所有这些事情的想法错到不可救药。正如我令人尊敬的父亲过去常说的，他们想把闪电装进可爱的小烧瓶里，以便研究起来更便捷。他们称之为进化。

"这个想法主要在英格兰发展起来，这是个人们总以'蒙混过关（muddle through somehow）'为骄傲的国家。他们也把这三个词用在自然身上，并称之为进化。他们说，从前——不管是20万年还是30万年前，或许是645789年前——我的祖先，纯属偶然，他有只眼睛能让他在夜里比其他鸟类看得更清楚，这也使得他能捕获更多猎物，从而能活得更长久，他把这眼睛适应夜晚的特性传给了[21]他的后代。就这样，我们慢慢混成了猫头鹰。

"这种看法是不是很吸引人？我父亲过去常常嘲笑这种看法，直到所有的杜鹃鸟都跑来询问他得了什么病，他才告诉我，猫头鹰的眼睛与耳朵、脖颈、脚和内脏的特定的、极其独特的构造密切相关，因此，仅仅根据某个所谓祖先的眼睛的偶然变化，完全不足以解释刚才提到的相应的和相关的构造。

"各种器官之间的相互关联以及同时发生的变化，只能是对鸟的整个系统进行一次猛击，仿佛闪电冲击般的结果。这种冲击不是缓慢发展的结果。正如现今所有个体动物生命一样，都是被一次闪电般力量冲击而产生的,它最初也是这样产生的。

"但是英国人认为,自然天生就是一个英国人,她采纳新有机体的方式,就像英国人采用新的度量衡、日历,发明和法律体系一样,也就是说,这发生在别人已经闪电冲击一般把这些事物创造出来的几百年之后。

"他们把自然想象成一个人,这个人就地位和职业而言,是个中产阶级,是个糊涂蛋;在宗教上是一个不从国教者;在政治上,是自由党。然而,我们更清楚。自然,就地位和职业而言,是位自由职业者,是天才;在宗教上是位罗马天主教徒;在政治上,是托利党中的托利党人。既然如此,你们可以想象,啄木鸟先生和獾先生,读这些人类写的关于鸟和其他动物的博学、苦心之作真是有趣极了。

[22] "前几天我去拜访邻居狐狸先生。他生病了,为了逗他开心,我告诉他人类的书里怎么描述他。狐狸先生笑得前仰后合。后来他告诉我,他把所有人类告诉他的有关堂·吉诃德的故事转述给一只大棕熊,他就成了那个地方可怕的国王的宠臣。

"我派了最快的蝙蝠,给了他安全通行证,让他召集这个国家所有的鸟类和动物,在约定的时间到哈茨山脉的一座山峰上举行集会,在那里我打算用专家们讲述的关于他们各自的故事,关于他们的结构、功能和生活方式,来款待他们。这将是 2000 年来我们有过的最有趣的活动。我委托夜莺、云雀和美洲知更鸟用他们有史以来最美妙的合唱来开场,我确信,我为鸟儿和动物们提供了无与伦比的最令人兴奋的娱乐,我为他们整个群体做出了值得称赞的贡献。"

阿里斯托芬继续说:

猫头鹰说了这些。现在,哦,宙斯,你能容忍亚里士多德吗?他企图驳斥、驱逐那些为神圣动物甚至是为神提供了快乐和无尽愉悦的人？我简直不敢相信。你知道悉心为人们提供快乐有多么必要。忽视狄俄尼索斯会招致可怕的惩罚。如果自然中的专家们消失了，哦，宙斯，那你的四面八方都将陷入无尽的混乱。鸟儿、昆虫、蛇、蜥蜴、狮子、猫科动物和熊——它们都因无聊不满起而反抗，在水中、在陆地上、在空中。［23］你将永无宁日。

它们会不断让诸神烦忧。它们将制造出最恼人的阴谋诡计来对付我们所有人。我们别拿亚里士多德那一套当回事儿。他的用意是好的，从理性角度考虑，无疑也完全正确。但是理性能走多远？他能否认非理性永恒的权利吗？取消生物学和自然史方面的专家，就像在雅典取消谐剧。为了统治雅典人，就必须给他们娱乐。如果没有我以及像我这样的人们，雅典人支撑不了他们曾经支撑的那么久。动物们也是如此。它们需要它们自己的阿里斯托芬。它们必须有它们的专家。祈祷吧，阿耳忒弥斯，① 你在你的山谷和群山中狩猎，听到和看到了所有与动物们有关的一切，加入我，和我一起抗议亚里士多德对那些人的攻击吧，那些人对生机勃勃的自然的幸福必不可少。

＊　＊　＊　＊　＊

阿耳忒弥斯发出悦耳的笑声，点头同意。众神在一片欢闹中通过投票反对亚里士多德，这位智者笑着鞠躬接受批评。

"我会遵守你们的决定"，亚里士多德大声说，"但是，请允许我再说一句，我毫不怀疑，我们正盘旋于其上的这座独一无二的城市的主宰者们会欣然同意。我向你们求告（call upon），

---

① ［译按］阿耳忒弥斯，古希腊的狩猎女神，阿波罗的妹妹，被称为野兽的女主人和荒野的领主。

达·芬奇、米开朗基罗、[24]马基雅维利，还有你伟大的洛伦佐，我是否超越了真理的界限。我确实坚信，当凡人们在宗教上从多神教转到了一神教后，他们却假装在知识领域，时间不断增加人们要崇拜的神的数目"。

"现在，他们似乎不再相信奥林波斯众多的神和女神，而只是相信一个上帝。另外，就知识而言，他们宣称每一个细微的门类都无止境，需要研究，甚至奉献毕生的时间，知识的每一部分都由一个他们称之为权威的神来控制。现在，没有什么比这一事实更显而易见，知识，真正的知识，在表达上变得越来越简化速记（stenographic），而且显然也更容易获取。中国人写了6000卷的百科全书，欧洲人则只用24卷或者36卷来完成。"

这时第欧根尼打断了这个斯塔吉拉人（指亚里士多德）的话，说："哦，亚里士多德，恐怕你的论证没什么真正的力量值得吹嘘。这根本无法证明中国人拥有的是粗略的、经验主义的、毫无条理的知识，而欧洲的凡人们则拥有理性的、有条理的知识，因此也就不那么烦琐。这完全出于一个不同的原因。"

第欧根尼继续说：

那些凡人最新发明了一种出版百科全书的方法，这种方法很巧妙，能够采用诱惑、威胁、恐吓，或者诱使全体公众中的每个成员购买一部整卷本百科全书，如果他们的每部百科全书有6000卷或者10000卷，比如英格兰人，他们就得先去征服挪威、瑞典和[25]冰岛。他们必须征服挪威，以便获得足够的木材来做书箱；征服瑞典，则是为了指派所有的瑞典体操运动员，用他们的杂技动作从第五十排书架上取出某一卷书；征服冰岛，是为了将百科全书那些兴奋的读者放到一个冷却的地方。如果不是因为这种情况，我相信欧洲的凡人们会愿意出版15000卷的百科全书。

* * * * *

当众人的笑声平息之后,亚里士多德继续说:

在我访问他们的高等学府时,他们普遍相信每个细微的门类或者专业都是无限的,没有什么比这一点更强有力地触动我。他们非常严肃地断言,"当今"一个人不可能同时拥有一个以上专业领域,他们带着一种会意的微笑看待我或者莱布尼茨,好像在我们的那个时代,所有的知识就是由几罐水组成,而如今的知识则不亚于一片汪洋。但是当你问他们最简单的问题时,他们却茫然不知如何回答。

我问过一个最为著名的专家,为什么男人的眉毛比胡子短。他不知道。他怎么能知道?要回答这样的问题,至少需要掌握五种所谓专业领域的知识。我问他们最博学的语言学专家,为什么英格兰人不再用 thou,而其他欧洲国家则没有这么做。他不知道。

[26] 当死亡把所有生命都驱逐出某个学科时,他们就开始研究这个学科。他们并不费心思把语言当作一个活生生的有机体,充满斗争、运动,充满阴谋诡计,充满罪恶和恩典;而只是把语言当作名副其实的尸体,一动不动地躺在结构学家和词典癖的桌子上。他们从不研究蝴蝶,如果蝴蝶还是活生生的、调情的、八卦的、寻欢作乐的时候,他们只研究静止不动的、没有生命的、被针扎住的蝴蝶,这就是他们获取诸多专业知识的方式。

死亡的确是所有专家中最伟大的。一个人一旦死掉,他身上的每一根头发、每一块骨头都会各自走上不同的腐烂之路,彼此毫不关心,对紧邻的部分充满蔑视,独自生着闷气,阴沉沉地游荡到恨河。①

在英格兰，他们将对专业的信仰推到了让人沮丧的程度。我真惊讶他们居然允许一个人同时用两只手弹奏一种叫作钢琴的乐器。我真惊讶，他们并没有坚持要求由两个人弹奏肖邦的某一首曲子，其中一个人先演奏右手部分，然后另一个人演奏左手部分。同时弹奏两部分，而且还是由一个人来弹奏——真是敢想！多么肤浅！

在法律领域，他们早就按照这种理念行事了。有一个人，被称为初级律师（solicitor）——一个非常好的名字，他拼命弹低音部分，或者说左手部分，持续数周。弹完后，当"听众"或者客户因为初级律师地狱般的噪声扑倒在地时，［27］初级律师就将整个案子交到了另一个出庭律师（barrister）手上，他用一种可能会使潘神发疯的方式，弹奏最漫长曲折的高音部分。

所有其他欧洲的国家都接受如下观念，即一场法律论辩中的所有利害都交由一个人，一个专门的律师来处理——真是敢想！多么肤浅！

但是，当你告诉他们，他们要在退休的出庭律师中选拔法官的做法威胁到了他们自己的专业化原则，这时他们就会勃然大怒。然而，并没有其他国家这样做。法官的职能与出庭律师的职能迥然不同。一个人做了二十年出庭律师，在他的头脑经历了律师行业的曲曲折折之后，在特定的行业里相当专门化了之后，他就不太可能具备作为法官的最佳素质。如果一位出庭律师不能是一位初级律师，那为什么他应该立刻、突然能够成为一名法官呢？

---

① ［译按］恨河（Styx），古希腊神话中环绕冥土的九条冥河之一，相传神明越过此河也会失去神性。

他们在这方面的论证最有趣。他们围着打算剥头皮（scalp）的真相跳起了战舞。①

当然，真相就是这三个职业都有同一个专业领域：管理英国。这个国家由律师主导，就像埃及由祭司主导，巴比伦王国由文士主导一样。英格兰人太过高傲，不会在金钱问题上表现得吝啬计较，他们不介意他们的统治者——初级律师、出庭律师和法官，因为这些人最终只是剥夺了英国人不太看重的东西，即小额的金钱。在法国，人们狂热地追求哪怕一枚硬币，所以律师不允许成为法官。[28] 在法国，法律的专业化已经取得了胜利，而在英国却失败了。

这难道不是表明，专业化的完成，不是出于对真理的遵从，而是出于对利益的追求吗？

我们希腊人术业专攻的是小城邦，并不想无限扩张成巨大的国家；这只是因为我们想给每个公民一个机会，去充分发掘自己所有人性资本（human capital），而不是像我们的奴隶，只成为某方面的专家。在一个庞大的国家，专业化不可避免。在这样的国家，他们必须或多或少使数百万公民的人性资本失去活力，就像我们希腊人使成千上万的奴隶的政治资本失去活力一样。

专业化即便不是彻头彻尾的奴隶制，它也正在实施奴役。它对推进真理的作用微乎其微；它使人类变得残缺。

就像能够流利说好几种语言的人，要比他不甚精通的同胞们更好地写出自己的语言风格；同样，一个对事物的多个方面、对多个专业领域保持开放心态的人，比那些思想不那么开阔的同事们要高效得多。就像我很久以前预言的那样，人类可以并且应该

---

① [译按]"剥头皮"（scalp）这一比喻，源于北美原住民在战争中的一个做法，即胜利者会剥去敌人的头皮作为战利品。在这里暗示英国人攻击并损害了真相。

会发明高度专业化的机器来从事纺织工人或者面包师的工作。但是他自己不能变成一台机器。正如欧洲和美国的凡人们所说的，这种情况"现在"正在发生。

他们不仅造就了许许多多拥有数以百万计人口的州，更糟糕的是，他们还将这百万人口中的大多数集中在少数几个运转并不灵活的庞大城市中。在那些城市中，专业化渗透进每个男男女女的纤维中，让他们脱水，不再运动，[29]让他们失去活力。我们希腊人欣然承认，在过去的四个世纪，欧洲人在一门技艺上超越了我们：音乐。但是他们这种超越性的辉煌时代已经逝去。

过度的城市化导致了思想和心灵的过度专业化，由此又导致了音乐源泉开始枯竭。如今的音乐歇斯底里、神经衰弱，虚妄。是哭喊，但不是心痛的哭喊，而是牙痛、脚趾痛风、风湿神经痛的哭喊。它不哭泣，它肺痨式地咳嗽。它不叹息，它打喷嚏。它混杂了我们过去称为弗里吉亚调式和科里班特式的狂想曲。①

在音乐上这样，在性格上同样如此。每个人都把自己扭曲塞进一个狭隘的专业中，在其中人们必然需要变得尽可能棱角分明、偏颇极端、怪诞不经。当他们共处一室时，他们就像一部词典中的某一页的诸多词汇：他们彼此之间不存在丝毫交流。他们站在各自的笼子里，缄默无语、闷闷不乐、令人生畏。一个人用F大调思考，另一个人用升F小调思考，和谐共处在他们那里绝无可能。他们每个人都坚定地认为自己的每个想法都极其正确；在所有的思维过程中，做出判断时的犹疑是他们最不可能用到的。

专家不会怀疑。他为什么要怀疑？在他看来，人类最复杂的

---

① [译按] 弗里吉亚调式（Phrygian）是古希腊音乐中的一种古老调式，具有一种神秘、忧郁且黑暗的特质，显得沉重和压抑；科里班特音乐（Corybantic），与古希腊的酒神崇拜有关，狂热，激动人心。

事情只是一些专业，也就是说，只是一些碎片。女人只是分娩生产的专家。医生只是在小纸片上写拉丁文的专家。一个出庭律师只是一个既不留小胡子也不蓄络腮胡的人。教士实际上就是一个身后的领扣，衣服里面有个人支撑着它。[30] 通过这种方式，一切都简化到理解起来毫无困难。

恩培多克勒啊，① 这一切都清楚地证明了，你对事物的起源的看法是多么正确，同时又是多么错误。也许你说得对，我们身体的各个部位或者各个器官都是单独出现的，或者可以说，都是作为专家出现的。按照你的教导，在我们之前很久远的时候，出现了不带脖颈的头、在空间里独自游荡的双臂、不长在额头上的眼睛，它们各自游来荡去。但是如果你说所有这一切只是发生在事物开端时，我认为你就大错特错了。事实上，在专业主义至高无上的国家，这种现象仍然在继续，至少在道德领域还在继续。在这样的国家中，你仍然能看到独自在空间中游荡的双臂、没有额头游来荡去的眼睛以及没有大脑的头在空中飞来飞去。当然，这不能从字面理解。但是，一个性格专家专门培养人类灵魂的一种品质，这与一只独自游荡的手臂又有什么区别？凡人们必须回归希腊思想，将事物作为一个整体看待，而不是像可怜的蚊蝇，只将事物视为碎片。

* * * * *

神圣的集会者们谦恭地倾听这位伟大智者的话。这时宙斯昐

---

① [译按] 恩培多克勒（Empedocles，公元前495—约前435），古希腊前苏格拉底哲人。他认为万物皆由水、土、火、气构成，存在"爱"和"争"两种力量，将这些元素结合或者分离。受毕达哥拉斯学派的影响，他支持轮回学说。恩培多克勒通常被认为是最后一位用诗记录自己思想的希腊哲学家。

咐赫耳墨斯（Hermes），去佛罗伦萨的乌菲齐博物馆的房间里取一些名作来。① 赫耳墨斯［31］在几位林泽仙女的帮助下，取来了作品，放在集会者们中间，向众神和英雄们展示它们完美的美。这使得他们被现代过度专业化的农奴故事折磨得病恹恹的灵魂重新焕发了精神。

---

① ［译按］乌菲齐博物馆（Tribuna at the Uffizi），文艺复兴时期意大利建筑师贝尔纳多-布翁塔伦蒂（Bernardo Buontalenti）设计建造的艺术博物馆，于1583年建成，最初是为了存放美第奇家族的珠宝和装饰品。这座博物馆的建筑为八角形，因为按基督教传统，"八"是接近天堂的数字。穹顶是天穹的象征，外部有一个带风向标的灯笼，内部的彩绘能再现风向标的运动。

第二夜　第欧根尼与柏拉图论托尔斯泰、易卜生、萧伯纳等

［32］第二个夜晚，奥林波斯诸神聚集在庞贝（Pompeii）。夜晚温润芬芳，满天星斗。旧城的废墟，宛若包裹着白色大理石的衣裙，在周围的群山、海湾和草地的映衬下，散发着幽灵般的亮光。从对面的斯塔比斯（Stabias）和格拉尼奥诺（Gragnano）那边，可以听到潘的风笛和他的林泽仙女们的笑声，黑黢黢的水面上，有魔法船载着喀尔刻和她的女仆们前往卡普里的蓝色洞穴。① 塞勒涅将自己最为柔和的光线铺洒在这景色中，② 草地和石头仿佛沉浸在银色的梦境中。

集会的地点选在圆形剧场。宙斯右手一挥，那些早已消失在丑陋熔岩压力下的座位和通道，从地下升起。管弦乐队和舞台重现旧时的容颜，整个优雅的空间以及无与伦比的景观，再次充盈着美丽、舒适和愉悦。宙斯和妻子朱诺落座在中心座位，其他神祇和英雄环绕着他们。

---

① ［译按］喀尔刻（Circe），希腊神话中的巫术和魔法之神，被认为是太阳神赫利俄斯和大洋之神珀尔斯的女儿，她能将人变成怪物。她的两个哥哥分别是金羊毛守护者埃厄忒斯和珀尔西斯；卡普里（Capri），意大利那不勒斯湾南部，索伦托半岛外的一个小岛，以风景秀美著称。

② ［译按］塞勒涅（Selene），古希腊神话中的月亮女神。

每个人都找到自己的座位后，宙斯说："我们听了亚里士多德讲述他在下面凡人们称之为英格兰的国家的经历，非常满意。我们想听听有关那个神奇地方的剧院的情况。[33]如果生活本身在非希腊世界如此不同寻常，趣味盎然，他们的剧院，作为生活的反映，一定是不同寻常的欢乐。也许你，亚里士多德，作为最著名的诗歌和戏剧的评论家，能让我们了解一下他们在英格兰称之为戏剧的东西。"

亚里士多德马上从座位上起身，给诸神展示了迄今为止从未有人享受过的一个画面：他笑了。他微笑着对万能的克洛诺斯之子、世界的统治者说："宙斯啊，您的愿望就是命令，如果您坚持，我当然会遵从。但是，请您好好考虑一下，我已经在您的同意下，对那些自称为现代人的人，更恰当地称他们为'后来人（afterlings）'的人，保留了我的《诗学》第二卷。在这一卷中，我谈了谐剧、闹剧、滑稽剧，以及类似于我们命名为小丑剧（phlyakes）的戏剧。如果我现在应该把我有关小丑剧的想法展示给英格兰人，展示给他们的一些智术师，他们称为大学教授的人，这样做也许还会增加一些我的注释者们喷涌到我著作上的岩浆，就像我们在这里看到的，维苏威火山愤怒的岩浆覆盖了庞贝及其周围美丽的田野。"

"我能否引荐一个合适的人选，来给我们讲讲英格兰谐剧？这种剧目或多或少被人们认为是英格兰最有价值的戏剧作品。"亚里士多德在宙斯的示意下继续说，"我引荐的那个人，他正躺在舞台右侧的入口处的地方，漫不经心，似乎丝毫不在意我们，就像在他的时代他不在意雅典人和科林多人一样。"亚里士多德举起手，指向[34]那个衣衫褴褛、衣冠不整的第欧根尼。当众神和英雄们听到这个名字，看向那个犬儒派的身影，他们爆发出此起彼伏的笑声，连大海也捕捉到这快乐的浪花，一直笑到了索伦托。①

                *   *   *   *   *

第欧根尼在自己的位置上一动不动，一条腿舒服地搁在一尊低矮的萨图尔雕像上，② 将头转向宙斯，大声说道：

说真的，我告诉你，你只是印证了我旧有的信仰，没有什么比笑更令人悲伤了。你们为什么要笑呢？我们来这里不是为了享受吗？在如此可爱的地方，难道我们不应该感到无比幸福吗？那为什么要笑？当然，我的意思是，为什么要嘲笑我。

我对你们所有的荣耀都嗤之以鼻（pooh-pooh）。对我来说，奥林波斯一点也不比我在科林多的浴盆讨人喜欢。你们要知道，这就是我偏爱英格兰人的原因。在所有欧洲人中，只有他们每天至少有五秒钟是在浴缸中度过的。

我对你们的筵席、山珍海味、琼浆玉液也嗤之以鼻。因为我在一个他们称为伦敦的大村子里过了几个月后，我彻底失去了自己的味觉和品位，以至于在接下来的2000年，无论如何，我都无法分辨琼浆和陈啤酒，也分辨不出山珍海味和卷心菜。

是的，我对你们和你们的信徒所敬重的大部分事物同样都嗤之以鼻。[35] 阿尔喀比亚德（Alcibiades）对现在风行于蛮族城市中的女人的美赞不绝口，尤其是在英格兰的城镇中。一个女人！只是一个女人！如果不是需要摆脱她，一个女人还有什么用？我仍然认为我过去的教诲，即在一个男人和一个女人之间只存在细微差别，而这差别几乎可以忽略不计。

你可以笑，直到维苏威火山再次对你们吐出蔑视，但是在这

---

① ［译按］索伦托（Sorrento），意大利南部城镇。
② ［译按］萨图尔（Satyr），希腊神话中半人半羊的森林之神，耽于情欲，性喜欢乐，也是创造力、音乐、诗歌与性爱的象征。

里，在庞贝，我告诉你过去我在科林多常对每个人说过的话：你的荣耀都消失了，或者总会消失。看看维纳斯吧。她坐在那里，向热切的潘神（Pan）和西勒尼展示她的头、脖颈和身材的魅力。① 但这又意味着什么？忏悔和苦楚。看看阿瑞斯（Ares）——（战神 Mars）。难道看上去不是他统治了世界吗？难道他不是表现得好像所有伟大的事情都是通过他并由他完成的吗？现实又是怎样的呢？不过是屠杀——懦弱地屠杀。你们笑，当然，你们会笑。但是我想让你们知道，我所教导的一切都是绝对正确的；是唯一的真理；真理只有一个。

亚里士多德指出我作为那个给你们讲述什么是英国新萧伯纳戏剧（Shavian drama）的最佳人选；我认为，亚里士多德这么做可能出于恶意。不过，他行事还是极富智慧。我的确是尘世之外（尘世之内并不存在）唯一能清晰而充分地理解那个自称萧伯纳、我那个小门徒的人。对于他的其他朋友和仰慕者，他完全可以说出德国伟大哲学家黑格尔在临终时说过的话："只有一个人真正理解了我——即使 [36] 是他也完全误解了我。"萧伯纳也可以在提到我犬儒学派的女性朋友希帕奇娅②时说："只有一个人真正理解我——她是个女人。"

其实，轻蔑之子（son of Pooh-Pooh）萧伯纳，只不过是我学园犬儒派的乖乖门徒。当我还在那个人们称为皮和肉的凡人躯壳中时，我确实对我的滔滔不绝（sputerings and utterings）非常严肃认真，或者用他们伦敦上层有教养的人说的：oh grant serio

---

① ［译按］西勒尼（Sileni），希腊神话中的森林之神的统称，是酒神狄俄尼索斯和畜神的信徒。

② ［译按］希帕奇娅（Hipparchia，约公元前350—前280），出生于色列斯，是希腊犬儒派哲学家、教士，她是第欧根尼·拉尔修的《明哲言行录》中收录的唯一一位女哲人。

[严阵以待]。我确实认为，正如我在伦敦的勇敢门徒毫不犹疑认为的那样，我对社会、政治或者宗教事务的批评可谓鞭辟入里，深入那些维持社会、国家和寺院之事务的实质。善良的老柏拉图，不止一次暗示我的虚荣与自负，有一次我被雨淋得浑身湿透，周围都是同情我的人；柏拉图说："如果你们想同情第欧根尼，那么就让他一个人待着吧"。至今这句话仍然让我如芒刺在背。

但那时我整天忙于讽刺别人，并没有留意到任何指向我的讽刺。然而，自从我被安排到诸神宫殿的一个角落里，像条狗一样躺在台阶上，正如那位他们称为拉斐尔的意大利画匠在他的"雅典学园"（如果拉斐尔明智地选择自己的时代，并且以拉斐尔前派的身份出现，① 这幅壁画可能会更好）的画中所画的；从那以后，我学到了很多，不仅是关于别人，也关于我自己。

当你们这些高高在上的人饮着琼浆玉液，享受着山珍海味时，我却以无限的热情享受着恶意的快乐，研究着我那些死后的自我，[37] 那些被下面凡人们称为"我们的时代"的永恒之镜的斑点上的跳跃、滑稽动作和姿态。我本人是 2200 多年前的犬儒派，我听过并教授过你们能想象到的最刺激神经的怪论，对于一个像我这样的人而言，还有什么比听到托尔斯泰、萧伯纳、易卜生和所有这些人（tutti quanti）的谈论更有趣，他们传授自己的学说，像雷声般的沉闷，缺乏电光的刺激，并且将这种教诲视为人类或者非人类的思想迄今前所未有、闻所未闻的表达，还有什么比这更搞笑的呢？我向你们保证，这有趣至极。但我觉得我

---

① [译按]拉斐尔前派，19 世纪的英国艺术团体，由诗人、艺术家、艺术批评家等构成，成立于 1848 年。他们反对当时的僵化的学院派艺术风格，反对以拉斐尔为代表的文艺复兴艺术家开创的各种法则，提倡艺术回到文艺复兴拉斐尔之前。

必须渐次向你们讲述整个故事。事情是这样发生的。

我从摩穆斯那里得知,① 我另一个死后的自我出现了,因此,我立即去了一个叫伦敦的地方。(顺便说一下,这个地方很奇怪,它既不是村庄,也不是城镇;既不是农村,也不是荒漠;它是这些地方的一部分,但又不全是。)在一条街上,我看到一扇门上写着——"娱乐代理公司、剧院、蓝乐队、绿乐队等"。我十分不解,蓝乐队与娱乐有什么关系,但我还是进去了。

柜台后面有位中年男子,正在忙着处理文件。我对他说:"开心点儿!"

他好奇地看着我,显然怀疑我头脑是否正常。事实上,过了一小会儿我情不自禁觉得他是对的。我怎么能想象得出他会高兴呢?

我问他,有没有什么办法可以看一场萧伯纳的戏剧。他给了我一张票,还想知道我的名字。我告诉他是"第欧根尼"。

[38] 他开始不耐烦,说:"第欧根尼——哪一个第欧根尼?我的意思是,你姓什么?"

"我没有其他名字",我说,"难道你不知道,我是那个撑(cut)亚历山大大帝的第欧根尼?"

"亚历山大大帝?"他说,"为什么叫亚历山大大帝,我只知道一个裁缝,叫亚历山大。你是说你撑(裁剪)了他吗?"②

"不",我说,"不是,我所说的亚历山大,是马其顿的

---

① [译按] 摩穆斯(Momus)是黑夜女神尼克斯之子,是古希腊神话中司嘲弄、谴责、讽刺的神,同时也是作家和诗人的守护神。在古典艺术中常被刻画为戴着嘲弄面具极为毒舌之人。

② [译按] 这里的 cut 可能是 cut someone down to size 的变形用法,意思是"让某人明白自己的真实地位,不要自视过高"。在这句话中,第欧根尼让亚历山大明白自己的位置,强调了犬儒派不敬权威的态度和挑战权威的行为。而柜台后的男子并不理解这层意思,而是从 cut 的字面意思"裁剪",想到了一个叫亚历山大的裁缝,行文幽默而饱含讥讽意味。

国王"。

于是他轻蔑地说："我从来没有听说过这位先生，如果他是马其顿国王的话，那就是他把自己的国家搞得一团糟——就在今天的《每日电讯报》上，我刚刚读到马其顿的问题。"我想问问那个中年男子，他是否碰巧是个历史学教授，但是其他人走进来，于是我离开了。

* * * * *

第欧根尼说：

就在同一个晚上，有人领我去了一个剧院，我知道演出的剧目是《武器与人》（Arms and the Man）。我过得非常开心。

与奥林波斯的诸神分享快乐固然不错。然而，无论何时，只要我听到或者读到关于我年轻时的回忆，那些难以忘怀的事情和想法，当我跟随我尊敬的老师安提斯忒涅漫步在雅典的街头，①我快乐得发抖——我几乎可以说，是一种新的颤抖。

想象一下，此时我坐在遥远的大不列颠岛，[39]在我的肉身死后2000多年，聆听着我的老师安提斯忒涅的演说，过去我们常称我们的老师为"居鲁士（Kyros）"。阿瑞斯，我清楚记得那篇针对你、针对所有战争荣耀的著名演说，即便到现在你还对我皱着眉，我必须请维纳斯来约束你的言行举止。我在雅典和科林多遭受了太多鞭笞——请让我在奥林波斯享受片刻安宁吧。

现在，正如你所了解的，我对战争的看法已经完全改变，阿瑞斯，尽管之前我很不喜欢你，但现在我知道了，阿波罗、维纳斯，你阿瑞斯和狄俄尼索斯在保持所有有死事物的运转。让我们

---

① ［译按］安提斯忒涅（Antisthenes），雅典人，古希腊犬儒学派的奠基人。青年时期曾经跟随高尔吉亚，传授智术师的学说，后来跟随苏格拉底学习。

在现代的大不列颠欣赏一段安提斯忒涅的演说以作消遣吧。

安提斯忒涅对战争厌恶至极,他攻击了雅典最伟大也最毋庸置疑的军事荣耀,即雅典人战胜了波斯人。他用严肃的论辩来攻击,对这场胜利嗤之以鼻,极力要将这场胜利贬低为只是一场纯粹的骗局。安提斯忒涅是不是说过,如果波斯人在德性和能力上超过了雅典人,那么雅典人在萨拉米斯战胜波斯人还可以说是件可钦可敬的事?因为,在这种情况下,雅典人才能被证明更有德性,更有能力。然而,安提斯忒涅详尽地证明了,波斯人完全处于劣势。他们甚至没有一个真正的国王,薛西斯只是个国王的花架子,头戴镶满珠宝的高帽,坐在黄金宝座上,像个玩偶。薛西斯没有鞭策他的士兵投入战斗吗?那么,雅典人的荣耀何在?完全没有!萨拉米斯,像所有的战斗一样,[40] 只不过是一场屠杀,士兵们不过是懦夫而已,他们击败弱者,逃避强者。以上是安提斯忒涅的观点。

安提斯忒涅对战争、士兵以及战斗精神的抨击以不列颠版本重现,这让我觉得滑稽之至。当我目睹我在世时犬儒派的老把戏重新被拿出来,供那些从未听闻犬儒派为何物的人消遣时,我内心不断惊叹"干得好"。那个萧伯纳比许多犬儒派更犬儒派。他在舞台上呈现了一系列人物,每个人依次先是一个善良的灵魂,然后变成阴险的人;先是热情的,然后是个骗子;先是美德,然后是罪恶本身。

就拿女孩蕾娜来说吧。① 她起初是热情又理想化的;理想化,是因为她纯洁、年轻,爱着自己的未婚夫;热情,是因为她为未婚夫的军功而欣喜若狂,事实上,在从属萧伯纳式(sub-

---

① [译按] 蕾娜(Raina),萧伯纳戏剧《武器与人》中的女主人公。故事发生在 19 世纪末保加利亚和塞尔维亚的战争期间。萧伯纳通过这部作品探讨了战争和人性等问题,也反映了 19 世纪末英国社会的状况。

Shavian）世界的多数国家中，一百个女孩有一百个都是这样的。没有任何迹象或者事实表明这个女孩不纯洁、不理想或者不是真正的热情。在接下来的一幕中，她突然被描绘成一个恶毒的女孩，冷酷无情，工于心计，风骚轻佻，并且戏剧让我们了解到，女孩的过往藏着数不清公开与隐秘的风流韵事，她希望未来也再添新篇。

为什么？为什么我们现在要假设或者相信昨天的蕾娜不是今天的蕾娜？我带着冷冷的满足感，用作家勇敢的犬儒主义问自己，他动机何在？为什么？简单地说，毫无缘由。这样的谐剧本身并不需要动机；没有任何所谓发生过的事实来证实，[41]剧情中没有什么情境使动机成为戏剧上的必需。这纯粹而且仅仅是以真正的犬儒派风格，嘲笑一个一上来就热衷于战争的人。

这是那种儿童寓言书中关于丑陋女巫的故事。"如果你赞美花园里那个小姑娘的美，我就把你变成一只豚鼠；如果你仍然继续这么做，我就把你变成一只老公鸡。"如此看来，蕾娜变成了阴险的人、一个骗子、一个伪君子，一个毫无感觉地换情人的人，一个——任何东西，没有丝毫的内在相关性，或者用哲学家们的表述，没有任何心理关联。

对于蕾娜的未婚夫，那个年轻的战争英雄，使用了同样的老巫婆魔杖，他有着小丑一样的自由。他曾经因为一次大胆的骑兵冲锋，缴获了敌人的一两组大炮。怎么能原谅他如此恶劣的行径？他怎么敢成功？带着安提斯忒涅的老一套说辞出来吧！当然，到了这个时候，这种风格已经老掉牙了。但是，英国人似乎已经完全适应了老掉牙的风格。他们完全不会注意到它。于是，所有安提斯忒涅的陈词滥调重新被端上台面。我倍感自豪，欢欣鼓舞。

新郎塞吉厄斯（Sergius）夺取了炮兵连，因为，剧情告诉我们，对方的指挥官犯了一个错误，那些大炮没有装填弹药。多么机智！多么聪明！安提斯忒涅只是说波斯人远不如雅典人，所以雅典人轻而易举打败了波斯人。但是这位 20 世纪的衣冠楚楚的小犬儒派做得更绝。他好像在说，事实上，波斯人就没有 [42] 武器用来还击。谁能想出如此巧妙的讽刺？

赫耳墨斯（墨丘利），请你不要打断我！我很清楚你想说什么。在人类的所有行动中，胜利更多地取决于他们对手和竞争者的缺点，而不是自身的天资。这并非军事胜利的专有特征。同一条街上的两个杂货商，其中一个生意兴隆，主要是因为另一个粗心大意，不善经营。同一个国家的两位剧作家，一位成功是因为他给了人们想要的东西，而不是像另一位，给了戏剧艺术想要的东西。如此等等。

但是我犬儒派的萧伯纳并不在意这些矛盾；他知道公众不会注意到这些。他只是想讽刺战争和军事。因此，女巫的魔杖出场了，让我们先把主人公变成一只呜咽的小牛，然后突然变成一只下流的公羊，接着，毫无理由地，变成了飞来飞去的虚伪之至的喜鹊，最后变成一只被厨娘设置的机关夹住的小老鼠。这些正是发生在英雄塞吉厄斯身上的事情。

从战场归来后，塞吉厄斯对战争充满了厌恶，就像晕船后的恶心一样。为什么？不知道；或者正如赫伯特·斯宾塞——不列颠下一个最好的安提斯忒涅复制品，① 他会说，不得而知。

塞吉厄斯对自己的战功了无兴趣，他就是个情感丰富的白

---

① ［译按］赫伯特·斯宾塞（Herbert Spencer, 1820—1903），英国哲学家、社会学家，是社会进化论和社会有机体论的早期代表人物，被誉为"社会达尔文主义之父"。他提出一套学说将进化论中的适者生存理论应用在社会学上。他有强烈的科学取向，强调以科学方法考察社会现象的重要性。斯宾塞从牛顿的经典物理学出发，认为有一种恒久存在的绝对的"力"，是一切现象的原因、最高的实在；但这种力本身是什么，却是不可知的。

痴。片刻之后，他面对一个厨娘的乡野之美不能把持自己，一分钟后他就挣脱了他年轻的、美丽的、崇拜他的未婚妻的怀抱。[43] 他是公羊上了身。为什么？不得而知，不得而知。

在我们的第四维度空间，军人们也有同样的出轨行为，我们心知肚明（不是吗，阿瑞斯？），这种事情出庭律师做得就少吗？难道所有初级律师都能坐怀不乱吗？难道戏剧家从未曾被丰满又活力四射的青春肉体深深吸引过吗？耐人寻味。

那么，为什么毫无缘由、毫无需要，不管是内在还是外在的需要，就提出这些话题呢？你们难道看不出来，那个军人，必须被指责，必须被嘲笑。必须展示他只不过是一只胆小的老鼠，落入了厨娘为他设计的陷阱，而最初他只是把那个厨娘当作一团摆放整齐的诱人的肉，最后他却娶了她。

厨娘的这种特性尤为美味。我过去经常去米西亚，① 也就是现在人们说的保加利亚（Bulgaria），萧伯纳的故事场景就设定在那里。一想到一个最好阶层的保加利亚绅士娶了一个厨娘，我就不禁大笑。在古怪的英格兰，出身高贵的绅士也许可能娶一个酒吧女招待，但是在保加利亚，一个贵族绝不会娶一个女仆，就像他不会娶自己的母亲。他太过了解这些女仆；他可以细致地对她们做百科全书式的研究，却根本不会娶她。因为，女仆永远不会爱上他。

当然，我的追随者（指萧伯纳）非常清楚，英国人根本不熟悉任何多佛海峡以南的事情，② 你可以随心所欲地给他们讲他们国家之外的其他国家的事情。他们会相信的。所以塞吉厄斯

---

① ［译按］米西亚（Mysia），小亚细亚古国。
② ［译按］多佛海峡（Dover Straits），英法之间的海峡，连接英吉利海峡和北海之间的一条狭窄水道。历史上，多佛海峡是多次著名海战的地点，包括1588年英国对抗西班牙无敌舰队的战斗。

［44］娶了那个姑娘，就像一只老鼠出于同样的需要与自己掉入其中的陷阱结了婚。

这不是很有趣吗？把结婚叫作头脑简单之人所说的道德疯狂？多么机灵，多么聪明！

这正是我们这些犬儒派在古希腊曾经做过的事情。我们把人性翻了个底儿朝天，然后我白天走在大街上，手里提着灯笼，寻找一个正常人，寻找一个真正的人。如果你先像泼硫酸一样对待一个人的面容或者品格，那你怎么能指望他毫发无损呢？但这正是我们这些犬儒派的重点所在。我们抓住人性（human nature），然后泼硫酸（vitriole）使之面目全非，随后愤怒地大喊，"太可怕了！""多么荒唐！"这让我想起我的律师学生，有一次，为了给一个谋杀了自己父母的人辩护，他可怜兮兮地对陪审团喊道："最后，先生们，可怜可怜这个不幸的孤儿吧！"

一个塞吉厄斯还不够，另一个"类型"的军人被拖到舞台上，一个瑞士人。我在这里并不打算重复我们与瑞士人类似的古老希腊笑话，比如帕夫拉戈尼亚人或者西里西亚人。① 我只想指出，法国人对瑞士人有着四百多年的深入了解，他们将瑞士人的全部特性都放进了这句俏皮话："哪种动物最像人类？"答："瑞士人。"

在瑞士人身上，你可以期待任何事情发生。他说三种语言，全部属于糟糕的德语。对于他美丽的祖国而言，他就像一张完美面庞上的瘊子。［45］他身处天堂之中，但是比一个出生在德国北部荒凉原野的普鲁士乡巴佬还要糟糕。他是一个瑞士人。他一直是教宗的雇佣军，同样也是路德宗的国君的雇佣军。他的目标

---

① ［译按］帕夫拉戈尼亚人（Paphlagonians）和西里西亚人（Cilicians）在古希腊都是不受欢迎、生性邪恶的人。

是金钱；现在是，将来也只会是金钱，别无其他。他卖自己的血就像卖他奶牛的奶一样，是按升或者按十分之一升卖；最好是后者。他非常喜欢战争；但是他更喜欢休战和停火。他认为死亡最好的部分是避免死亡。作为一名雇佣兵，他就是个军事犬儒派。

我非常喜欢他；他让我倍感荣幸。每当我在梵蒂冈宏伟的楼梯上看到他，我就会由衷地笑。这是一个犬儒派，打扮得像是一只身着华丽羽毛的鹦鹉。洛可可风格装扮的第欧根尼！有趣至极。

现在这个瑞士人被萧伯纳刻画成某种"类型"的军人。这完全符合犬儒派的程序。首先，把一个人刻画成瑞士雇佣兵，就抹杀了他身上所有真正军人的特征；接着就会表现他对权利、爱和正义的冷漠无情；这就相当于说："一位高贵的比利时女士在午夜后的皮卡迪利大街游荡。"① 那个瑞士雇佣兵不能证明军人的价值，就像那位比利时女士并不能让比利时女人的声誉遭到贬损一样。如果萧伯纳的人物形象证明了什么，那就是它证明了雇佣兵的毫无价值，尤其是瑞士雇佣兵的毫无价值。也就是说，这个形象已证明的与其想要证明的是截然不同的东西。这也是极端犬儒派的做法。有谁比我更清楚，为什么我们这些犬儒派在实现目标的过程中常常导致［46］与目标相悖的结果？但越是有悖常理，就越多乐趣。

其中的乐趣难以言表。事实上，这乐趣和最无情的威尔士人一样无情。在我从剧院回家的路上，我一想到这件事，就开始在街上狂笑，笑得如此狂放，以至于有个警察要把我带到警察局去。这种玩笑的无情之处在于：我问过作者的背景，知道了作者

---

① ［译按］皮卡迪利大街（Piccalilly），伦敦市中心的繁华街道，同时也是娱乐中心。

萧伯纳是个爱尔兰人。我一确认了这种说法的真实性，就情不自禁大笑起来。

一个爱尔兰人谴责战争、士兵和尚武精神！何等令人无语的荒诞！何等不堪入目的卑劣！爱尔兰人不论在身体上还是在精神上都天生比英格兰人优越得多，但他们的历史、他们的潜力、他们的机遇方面都遭受了惨痛的失败，唯一的原因是，他们从来没有找到过那种品格和毅力，能在残酷无情的战争中为自己的权利和希望而战。在三百多年的时间里，他们没有做出过任何一分一毫的努力，能在某个方面与苏格兰人、荷兰人、匈牙利人或者布尔人的持续武装抵抗相提并论，因此他们沦落到被一个自己痛恨的民族奴役。

很自然，这会让他们士气低落，就像一个单纯的丈夫被迫与自己厌恶的妻子结合一样。由于士气低落，他们从未，哦，从来没有达到过内部力量的平衡，而没有这种平衡，就无法取得任何伟大的成就。英格兰人虽然实力更弱，但他们并未士气低落，从而其力量达到了更大的平衡。苏格兰人也是通过坚持不懈不顾一切地为理想而战，他们同样也取得了力量的平衡。因此，这便是爱尔兰人的苦难，[47]他们就像自己的精灵，让人着迷，但不论是对人还是对己，都有致命的危险；他们精神上不平衡，心智和决心不稳定，甚至到了病态的程度；他们反复无常，就像一个人的情人甜蜜的吻与恶毒债主的拳头交织在一起。

他们在本应对敌坚决作战时退缩了，这是爱尔兰人失败的主要原因，还有什么比一个爱尔兰人对所有与战争相关事务的愤慨更像辛辣的犬儒派？我们犬儒派一贯如此。节制是希腊万物的灵魂，我们犬儒派却告诉希腊人，人能够犯下的最为致命的过度错误就是节制。我们教导，关于音乐，唯一的美在于停顿（pauses）；至于人，我们认为只有把自己变成野兽，他才是完美的。

我们教导人们，要通过凸面镜来观察万物，然后对那些严重扭曲变形的图像大加挞伐。游手好闲之辈以及乌合之众们对此赞赏有加。他们视为绝妙的创意。还有什么比将人与自然总是带到最终分解的最后痛苦阶段更接近新事物的起源呢？

在我自己的戏剧中，我拼命做到了这一切；我尊敬的同事克拉特斯（Crates）同样也这样做了。情节对于我们而言是什么？情节有什么要紧？有一天，我漫步在巴黎的香榭丽舍大街，无意中听到了几个玩过家家的小女孩之间的交谈。以安提斯忒涅名义，这才是所有犬儒主义戏剧情节和对话的真正典范。

一个小女孩对另外一个小女孩说："你好吗，夫人？"

"谢谢"，另一个女孩说，"非常好。我在照看我的孩子"。

[48]"你有几个孩子？"

"七十五个。"

"你多大了？"

"二十岁。"

"你丈夫好吗？"

"你说什么？我的丈夫？真奇怪！啊，我还没有丈夫。"

这恰好也是萧伯纳戏剧《康蒂妲》（*Candida*）中的情节和对白。

* * * * *

第欧根尼继续说：

我非常喜欢《康蒂妲》这部剧；我真想亲吻作者。多么像我自己的戏剧啊！与小女孩们的对话多么相似！

一位四十岁的丈夫，精力充沛、勇敢、诚实，为了高贵的事业勤奋工作，爱人也为人所爱，是两个孩子的父亲，他和一个十八岁的男孩交上了朋友，像所有十八岁的男孩一样，这个男孩任性、自负、反复无常。这个男孩突然告诉那个丈夫，他，这个男孩爱上了康蒂姐，那个丈夫的妻子。男孩不仅不满自己于此，还变得无礼，让人难以忍受，这位丈夫，基于他直接而又合理的情感，想把这个男孩赶出自己家。

可这不过是百分之九十九的丈夫都会做的事情。于是他非但没有把这个无礼的小伙子踢到大街上，反而邀请他共进午餐。

我方才很担心这个丈夫最后会把那个男孩打发走。让我异常高兴的是，[49]作者未曾忘记犬儒派戏剧的原则，他留下男孩吃午饭。

太棒啦！太棒啦！我暗自希望，丈夫会郑重其事地嘱咐这个有趣的男孩给康蒂姐量身定做最新款的紧身内衣。让我惊讶的是丈夫并没有嘱咐他。不过，即将发生的事情让我松了口气：丈夫邀请男孩单独和他妻子共度良宵。

这当然正是大多数丈夫会做的事情。

这正是我在巴黎的另外一个门徒（一个叫阿纳托尔的人，被误称为法郎士）在一个更糟糕的情形下做过的。在阿纳托尔的故事中，有位丈夫在最不合时宜的时候出现，这种时刻是一位健忘的妻子最害怕的。他十分克制地打量眼前的情景，捡起躺在地上的《小巴黎人报》，① 优雅地退到另一个房间，在那里对《小巴黎人报》和那个"小巴黎女人（Petite Parisienne）"思来想去。②

---

① [译按]《小巴黎人报》(*Petit Parisien*)，原为激进小报，1876年创刊，后经改造，至20世纪初，成为当时世界上发行量最大的报纸之一。改造后的报纸，政治上标榜独立，内容上追求客观，包含连载小说、社会体育新闻报道。在经营上注重技术更新，是巴黎第一个使用轮转印刷机的报纸。

② [译按] 这里的"小巴黎女人"可能指他的妻子。

多么经典的犬儒风！多么的比安多、美托克勒斯、墨尼普斯范儿，① 我们这一派的其他所有人都会喜欢这个剧！这才是一部真正的谐剧！这才是真实的现实（truly realistic），现实的真实（realistically true）。这就是阿纳托尔受英国人敬仰的原因。正如称呼我们犬儒派的那样，阿纳托尔也被称为无产阶级的哲学家。

哦，宙斯，我很荣幸也很高兴，能伏身在您神圣殿堂的台阶上，我很深切地体会到此时见到我门徒们的快乐。再过几天，我会让摩穆斯邀请托尔斯泰、易卜生、萧伯纳、阿纳托尔，还有其他一些人到瑞士的旅馆来见我，共进午餐。柏拉图，你最好过来躲在屏风后面倾听。[50] 也许你有机会改进一下你试图描绘超人和超级犬儒派的对话《高尔吉亚》。易卜生会因为极度憎恨所有权威而结巴、抽搐。萧伯纳会将婚姻与家庭的根基刺死。阿纳托尔会通过向圣女贞德这样的理想形象扔泥巴，来颠覆他们的形象。

第欧根尼刚说出圣女贞德的名字，宙斯和其他神就都从座位上起身，向把贞德揽在臂弯中的雅典娜鞠躬。

第欧根尼继续说：

托尔斯泰，掉光牙齿的嘴巴衔着一支喇叭，吹响反对战争的号角；哦，真是壮观。

当然，此时的我当然非常清楚，控制所有世俗的和超世俗事务的准则是权威。就像我们在这里都向宙斯鞠躬一样，凡人们也必须屈从于某些权威。没有什么比这更显而易见。这是所有历史和所有经验最为广泛的结果。正因如此，并且毫无疑问是这样，我的门徒们一定会反其道而行之。他们并不通过显微镜或者望远

---

① ［译按］比安多（Flavio Biondo，1392—1463），意大利人文主义者、历史学家；美托克勒斯（Metrocles），公元前 4 世纪希腊犬儒派哲人；墨尼普斯（Menippus），公元前 3 世纪前期希腊犬儒派哲人。

镜观察事实；他们把车载斗量的事实压缩进一堆碎片残骸。

我的门徒们并不这样说，在英国，社会等级制度催生了太多太多的新贵，以及太多举止不得体的暴发户，他们一定会说："英国的伟大之处在于她的不得体。"这是我两千多年前在科林多贩卖过的货真价实的东西。

托尔斯泰对战争大发雷霆。我奇怪为什么他不对母亲们哺乳婴儿这事儿发火呢。为什么，战争创造了一切值得拥有的东西。首先，战争带来了和平。[51]没有战争就没有和平，有的只是萧条停滞。理想越伟大，我们为之付出的代价就越大。既然我们总是渴望有关自由、荣耀、财富、权力、美和知识等这些崇高的理想，我们就必须为之付出最高昂的代价——我们自己，在战争中献出我们的生命。没有圭尔夫派和吉伯林派之间的惨烈战争,① 就不会有但丁。没有反超人切萨雷·波吉亚,② 就不会有像拉斐尔这样的理想超人。只有你们那些可恶的市侩（Philistine）在聒噪："哦，我们明明不用为之花大价钱，就可以从理想的火腿上切下几片美味。"赫拉克勒斯，你觉得怎么样？你是通过避免冲突和灾难赢得赫柏的吗？③

赫拉克勒斯深深地叹息，先是看了看自己的破棍子，又看了

---

① ［译按］圭尔夫派（Guelfs）和吉伯林派（Ghibellines）是12—15世纪意大利两大对立的政治派别。圭尔夫派支持罗马教宗，吉伯林派支持神圣罗马帝国皇帝。圭尔夫派之后又分化为忠于教宗的黑党和主张在城邦中实行去教宗化政策的白党。但丁早年参与了佛罗伦萨的党派斗争，原本超脱于各个政治营垒之外，后与温和的白党联合，反对黑党。后来但丁成为佛罗伦萨的主要执政者之一，卷入了激烈的政治斗争。

② ［译按］切萨雷·波吉亚（Cesare Borgia，1475—1507），意大利文艺复兴时期的军事长官、贵族和枢机主教。马基雅维利在《君主论》中曾给他高度赞赏。

③ ［译按］赫柏（Hebe），希腊神话中司青春的女神。

看迷人的赫柏。众神哄堂大笑，阿波罗拿起自己的七弦琴，吟唱了一首古老的多立安歌谣，赞美那些战争中的英雄，他们用自己的勇武为思想和美的英雄们准备好了竞技场。顷刻，从伊希斯神庙和阿波罗在庞贝的宏伟圣所处传来的一千个和谐的声音加入了他的行列。维苏威用深沉的男低音与这首轻快的歌谣相呼应；在狄俄尼索斯的带领下，潘神和林泽仙女们凌空飘至，在太阳神阿波罗的战争赞歌中，将旋律的花蕾播撒在奥林波斯的音律花环上。

* * * *

［52］当歌声退去，宙斯用充满宁静、平和的音乐般的声音，对众神与英雄们说："我们非常感谢第欧根尼，他的故事生动有趣，故事中的犬儒派蚂蚁目前正在人们的树林和农舍中跑来跑去，他们叮咬对方，也叮咬自己的朋友。他们的警句和其他稀奇古怪的言论影响不了在座的各位。你们一清二楚，我从未允许过阿波罗在没有狄俄尼索斯的帮助，或者说理性不在非理性帮助下独自统治。犬儒派想要促成理性的时代，或者用那些自以为是、一知半解的人的话说，要带来科学时代。关于此，我早断言，这永远不会发生。"

宙斯说：

在未来之门的门口，在德尔菲神庙，阿波罗与狄俄尼索斯联系密切，自从我统治这个宇宙以来一直如此。就像好的音乐由音调和节奏组成，同时也由所有声音的终止或者有节奏的停顿组成；所以我的王国也是由理性和理性的终止或者非理性组成。忽视了后者的犬儒派们误判了前者。我想，这一点大家都非常清楚。

但是当我们在这里嘲笑犬儒派的蚂蚁们的叮咬时，我们并不是说他们的职业全然没有意义，没有作用。这些小蚂蚁也许，而且毫无疑问很大程度上就是没有什么结果的嘲笑者。然而，甚至我自己也体会到了，他们的所作所为并非总是毫无结果。

宙斯向后靠在他那金子和象牙做的椅子上，他压低声音，几乎窃窃私语地说："瞧，朋友们，我们为什么要在这荒无人烟的地方，在这个死气沉沉的小镇，在夜晚的神秘时刻相聚？[53]你们一清二楚，是谁、是什么促使我选择，让我们的极乐（blissful）生活暂时变得暗淡。"

正在这时，从海边的灯芯草丛中传来了一曲伴着笛声的哀歌，一个人抽泣着发出哭声："潘，伟大的潘神死了！"

诸神的集会突然陷入一片沉寂。一团悲伤的乌云似乎笼罩了一切。

美惠三女神开始起舞，她们曼妙的舞步和身姿让集会的众神振奋起来，很快又恢复了先前的宁静。

宙斯这时转向柏拉图，请他谈谈对犬儒派的看法。宙斯提醒柏拉图，到目前为止他本人对待犬儒派，只是顺带地、主要是暗中影射安提斯忒涅或者对第欧根尼说些俏皮话。现在，柏拉图可能会充分讲述关于这些现代犬儒派，萧伯纳和其他人最终的目的是做什么，借此帮助众神愉快地度过美丽夜晚的剩余时光。所有人都向着柏拉图转过脸庞，柏拉图从座位上起身，微笑着向第欧根尼致意，于是开始对宙斯和庞贝的众神及英雄的集会发表了如下讲话。

* * * *

柏拉图说：

的确，在我的著作中，我没有对犬儒派的任何信条和观点进行过明确讨论。当时在我看来，[54]他们太过怪诞不经，不值

第二夜　第欧根尼与柏拉图论托尔斯泰、易卜生、萧伯纳等 | 49

得去做哪怕片刻的思考。对于他们的戏剧，我当时印象很差，一直到现在也是。从我在第欧根尼这里听到的内容判断，犬儒派戏剧的现代模仿者也好不到哪儿去。除了犬儒派所有那些令人生厌的怪癖，他们还增加了所有怪癖中最让人难以忍受的，即声称他们的戏剧和谐剧代表了戏剧文学一个新方向。

萧伯纳的戏剧根本不是戏剧，就像他的《武器与人》中的瑞士人不是一个士兵，他的《康蒂妲》中的教士不是丈夫，不是男人，萧伯纳的作品没有半点戏剧性；它们连最基本的谐剧要素都没展现出来。因为，不管如何定义谐剧，有一个核心品质永远不可或缺：那就是谐剧所呈现的人物必须是各种人类的典型。

萧伯纳的谐剧角色根本就不是人。他们是在伪科学和错误心理学的化学实验室中炮制出来的侏儒。他们时不时讲些大胆的笑话，马戏团的小丑也是这样。仅凭这一点，并不能把一个蜡像变成一个人。

也许在蜜蜂、马蜂或者河狸那里有非常有趣的谐剧场景，但我们欣赏不了。我们能欣赏的只是人类的谐剧性，即便它以动物之间对话的形式呈现给我们，就像阿里斯托芬、寓言家们，还有其他作家所做的那样。

谁会愿意耐着性子看完展现疯人院生活滑稽侧面的谐剧呢？如果疯子有幽默感，毫无疑问他们确实有，但我们并不希望在公共舞台上看到。事实上，正是一个疯子的幽默剥夺了谐剧的所有幽默感。

海达·加布勒吸引不了任何健康的品位。[1]　[55]　谁也不明

---

[1]　[译按]海达·加布勒（Hadda Gabler），挪威剧作家易卜生同名剧作的主人公，她美丽聪明，但不满生活的无聊。婚后她感到被束缚和压抑，渴望自由和刺激。这部戏剧以加布勒的命运为主线，表现了19世纪末挪威社会中婚姻与个人自由、社会道德之间的冲突。

白为什么她如此地不幸福。如果她不爱她的丈夫,就让她在家里、在厨房、在花园劳作吧;让她尽心尽力做个妈妈;如果诸神不能赐予她一个自己的孩子,那就让她领养一个吧。让她做些事儿。当然,像她这样整天无所事事,最终会让一个一本正经的人道德败坏;所以在最后一幕她有个糟糕的结局并不奇怪,我们奇怪的只是她在第一场第一幕之前没有自杀。她如果这样做了,将会对她自己、她的家人和戏剧文学有莫大的帮助。

《武器与人》中的蕾娜也是这种人。她是个洋娃娃,但不是个年轻的女孩。她既没有感觉(senses),也没有理智(sense)。她是纸板做成的,只适合出现在《潘趣与朱迪》节目中。① 与现代犬儒派谐剧中的大多数人物一样,蕾娜只不过是个画好的人物轮廓,她的嘴里挂着各种纸条,上面是作者随手写下的各种各样的笑话和一些聪明的说辞。所有这些所谓戏剧作品终将会被时间的扫帚一扫而空,就像我们希腊犬儒派的戏剧和滑稽作品曾经历过的一样。只有艺术才能赋予事物永恒的生命,在这些犬儒派的作品中,不管是现代的还是古代的犬儒派,不存在一丁点儿美惠女神们或缪斯们的痕迹。

* * * * *

柏拉图继续说:

谈论了这么多关于萧伯纳和其他现代犬儒派所谓的戏剧作品,我[56]得赶紧补充一句,当我们开始意识到这些所谓的戏剧已经或者可能继续在公众的思想中产生的影响,我们一定会以大为不同的方式说话。

---

① [译按]《潘趣与朱迪》(Punch and Judy),英国传统的木偶剧,已有400多年历史。

自从雅典学园的时光以来，我有了充足的时间来思考两种作品之间的巨大差异，一方面，有些智慧之作只追求真理和美，或者我们也可以称之为真理论（alethology）；另一方面，则是那些旨在追求效果的作品，或者我们可以统称为效果论（effectology）。

正是从这一至关重要的观点出发，我才说托尔斯泰、易卜生、萧伯纳和其他一些人，从效果论意义上来讲意义非凡，而在真理论的意义上来讲，却微不足道。

关于后者；关于他们揭示的伟大或崭新的真理；关于他们是哲人；或者用我们的话来说，关于他们是否有任何真理的价值，第欧根尼已经说得非常清楚。请考虑这一点。

托尔斯泰，和萧伯纳一样，想要改造文明的弊端。为了做到这一点，他们竭尽全力与人类最强大的净化器和改革者——战争——作斗争。还有什么比这更荒唐，更不科学吗？

是谁赋予了现代德国人无与伦比的风采与活力，使得他们在一代人的时间里，商业增长了四倍，人口翻了一番，财富增长了五倍，并确保了他们在欧洲大陆的霸权地位。

这是通过他们的思想家和学者们做到的吗？这些人中最伟大的在1870年之前就去世了。

是通过控制了［57］莱茵河的河口，或者占有了通往丹麦松德海峡（Danish Sounds）的入口做到的吗？这些地方之前都是阻止他们通向大海的。他们直到今天既没占有莱茵河河口，也没占有丹麦。

在物质世界和思想世界中没有任何变化，这一点使得今天的德国比以前更有利于商业或者霸权。

除了1866年和1870年获胜的战争。

如此明显的事实之间的关联能被忽视吗？如果没有奉天之战，①俄国会建立国家杜马（Duma）吗？即便是天神，再抓住这一点不放也是浪费时间。

正像在这种情况下，同样在几乎所有其他情况下，犬儒派痛斥那些他们激烈反对的唯一补救措施的滥用。在消极的攻击中，他们挥舞着逻辑之剑、匕首和针的利刃；在他们积极的建议中，他们对用逻辑思考的每一个人都连哄带吓。

作为真理的教师，他们也许，或者说几乎就是毫无价值。但作为宣传册子的写手，他们却非常强大。因为这就是他们的文学作品。他们不写戏剧，也不写小说。这两种他们都写不了。但他们以戏剧和小说的表面形式写出了有效果的宣传册子。

他们是写宣传手册的人，不是文人。

这就是他们不可否认的巨大力量所在。他们本能地选择尽可能古怪、响亮、引人注目的思想形式和材料，［58］就是为了唤起冷漠的市侩对他们所说内容的兴趣。他们满是荒谬；但是经过了几个世纪的考验，我们在座的人谁敢对这荒谬的力量掉以轻心呢？

错误和荒谬的力量如此强大，如此必不可少，如此无法避免，以至于普罗塔戈拉的真理本身就是一种特殊类型的错误这种说法，也许并没有完全说错。

许多年前，我曾经看不起犬儒派，我的老师苏格拉底也对他们不以为然。但是如今，我有不同的看法。苏格拉底含蓄地讽刺安提斯忒涅说："我看见你的虚荣心从你破旧袍子的洞里探出头来。"安提斯忒涅本可以这样反驳他："哦，苏格拉底，透过这

---

① ［译按］奉天（今沈阳）之战，日俄战争期间的最大战役（1905年3月），也是最后一次战役，以俄国失败告终。

些洞，我看到了你是多么的目光短浅。"

我们难道不是亲眼见证了，尽管所有人口头上都尊敬苏格拉底，但他们行动上却追随了安提斯忒涅的学生？由安提斯忒涅创建的犬儒学派孕育了斯多亚学派；而斯多亚学派是基督教得以兴起和传播的主要因素。我们曾在雅典取笑的犬儒学派的许多言论、教义和行为，早已成为基督教思想和制度的肌理。在安提斯忒涅或第欧根尼与圣保罗之间的相似之处以及精神上的亲近，远胜于苏格拉底与希波的圣奥古斯丁（Augustine of Hippo）之间的关系。

哦，宙斯，我请求您，让我们看一看庞贝城被毁灭之前某一天的样子，看看它街道和广场上的生机，以便给我一个直观的证据，证实我刚才所说的关于犬儒学派和古代怪人们［59］的事实，我要把它用在现代犬儒派身上，不管是文学还是其他方面。

* * * * *

于是，宙斯挥了挥手，将整个集会的人们置于阴影之中，就像被围在一个巨大的黑暗斗篷当中，眼见庞贝城从地面上拔地而起，宙斯给庞贝城施以超凡脱俗的奇异光芒，所有的房屋、狭窄的街道、花园和广场都充满了生机、活力和美好。古老的人们在这座迷人城市的每一个角落川流不息。穿着华丽的妇人们，坐在奴隶抬的轿子中；身着一尘不染的长袍的贵族们，被一群平民簇拥着；走在侍从前面的行政官们；从各国招募的士兵们；来自罗马帝国各地的商人们；所有这些人，还有从邻邦来的游客，街道上熙熙攘攘，所有人呼吸的不是别的，而是喜悦和勃勃生机。

在其中一个广场上，欢闹的一群人正在请一位衣衫褴褛、神色憔悴的老人讲话，他操着浓重的亚洲人的喉音，讲爱奥尼亚希腊语，站在人行道上一块高高的石头上，以狂热的激情讲述着庞贝人无以复加的罪恶，人群中大呼小叫地嘲笑，喝着倒彩。和老人在一起的还有另外两三个人，样子和他相仿，时不时地和他一起诅咒这个"注定毁灭的城市"。

[60] 老人告诉他们，他们的全部生活就是一个永恒的谎言，自相矛盾，腐烂透顶，要遭天谴。他怒斥人群中嘲笑他的士兵，称他们为懦夫、屠夫、可怜虫、罪人中的罪人。他讥讽当时人群中一位伊希斯（Isis）祭司，告诉人们真正的信仰只有一个，别无其他。

老人说得越多，人群就越是嘲笑他；当时一位希腊哲人恰好在场，他以当时盛行的修辞学和辩证法学派所认可的方式进行质问，优雅地反驳这位老人，人群为这位哲学家欢呼，旁观者中比较有修养的人对另一个人说："这个老人只不过是个江湖骗子，或者就是个冒牌货，把他当回事儿简直就是在浪费时间。"

人群中有一个人，一直等到众人散去，才走到老人面前，他是提亚纳的阿波罗尼乌斯的门徒，① 羞涩而内敛，他问老人属于犬儒派的哪个支派。

老人说："我不是犬儒派，我是基督徒。"

于是阿波罗尼乌斯的门徒抓起老人的手，动情地握着，吻了老人，然后转身离开，陷入了沉思。

一分钟后，庞贝城上空的那道超凡的光芒消失了，诸神和英雄们的集会再次沐浴在月亮女神柔和的光线中。

* * * *

[61] "在座的诸位"，柏拉图继续说道，"有谁能否认，人

---

① ［译按］提亚纳的阿波罗尼乌斯（Apollonius of Tyana, 15—100），毕达哥拉斯学派传人，因与耶稣同时代，4世纪的基督徒和一些现代作家将他与拿撒勒的耶稣相提并论。

群中的人们，还有哲学家，对那个古怪老人的理解是错误的，只有阿波罗尼乌斯那个沉默寡言的门徒一个人正确？"

柏拉图说：

犬儒派和那些怪人在任何时候都是大规模民众运动的先驱。鞭笞派、贝居安会和罗拉德派，① 以及中世纪的后半期无数其他的犬儒主义者，都充当了宗教改革的先导。

法国大革命，或者说凡人们为了实现理想所做的最大努力，难道不是一个犬儒派和他的宣传册子、不是让-雅克-卢梭充当了先导？

没有一个希腊城市会容忍一个像卢梭这样道德彻底败坏的年轻人生活在城内。他的个性彻底地、无可救药地堕落，思想上古怪偏执，知识上缺乏教导。他的保护人、情妇和导师，那位聪明的女人，展现出了非凡创造工作的才能，在将人和事物变得有实际用途时，她有着取之不尽用之不竭的智慧，然而就是这样一个人，还是没能发现让-雅克-卢梭有什么用处。

后来卢梭写了小说、政治论文、植物学作品、音乐作品。事实上，他从来没有写过小说；他写的只是宣传册子；煽动的、狂

---

① ［译按］鞭笞派（The flagellants），4 世纪初形成的基督教教派，其教士和信徒用鞭打自己的方式苦修，并认为这是最灵验的苦修手段。13 世纪中叶，欧洲瘟疫大流行，此派信徒大增。贝居安会（Beguins），13—16 世纪活跃在西欧的基督教世俗宗教团体，尤其在低地国家。他们的成员生活在半修道院社区，没有正式的宗教誓言。罗拉德派（Lollard）源自中古荷兰文 Lollaert，意为"喃喃祈祷者"，起初是蔑称，其成员最早是英格兰宗教改革者威克里夫的追随者。1367 年亨利四世继位后镇压异端，罗拉德派遭到打击。1414 年亨利五世镇压罗拉德派反抗运动后，罗拉德派在民间继续隐匿传播，1500 年前后开始复苏。17 世纪 30 年代与新教合流，对亨利八世的宗教改革产生了一定影响。

热的、古怪的、迷人的宣传册子。他不像博马舍,① 博马舍是个专写小册子的人,但还写了一部真正的、不朽的谐剧,其作品本身就是个政治手册。卢梭是个写作的树桩演说家,② 为法国大革命做着前瞻性的侍从工作。

所有犬儒派都是这样。易卜生、托尔斯泰、萧伯纳莫不如此。[62] 他们的戏剧可能,可以说根本就不是戏剧;他们的小说可能,可以说就不是小说;他们严肃的著作既不严肃也不是著作;然而,它们仍然是,而且将会永远在伟大的效果论中心。他们攻击整个现存文明的肌理;借此举动,他们将所有沉默的或大声的是什么(What Is)的敌人与应该是什么(Ought To Be)的热心友人都聚集在他们周围。不满现状者总是数量巨大,尤其是在长久和平的年代。

一场战争,一场真正的、好的国家战争(national war),会立刻清除所有的社会不满因素。

这就是为什么犬儒派的领袖们,尤其是托尔斯泰和萧伯纳会憎恨战争。战争破坏他们的盛宴(mar-feast),扼杀他们的狂喜(kill-joy);他们的细菌无法在战争期间繁殖。

如果没有从公元 50—190 年这段关键的、几乎是普遍的和平时期,基督教就永远无法在罗马帝国取得任何进展;就像我们借助第二雅典帝国和它伟大的战争摆脱了我们的犬儒派。

那么,在我看来,这就是我们现代犬儒派的真实视角。就文

---

① [译按] 博马舍(Beaumarchais,1732—1799),法国剧作家,个人作品有《欧也妮》《塞维利亚的理发师》《费加罗的婚礼》《达拉尔》《有罪的母亲》等。博马舍的谐剧标志着古典主义戏剧向近代戏剧的转变,影响到后来欧洲现实主义戏剧的发展。

② [译按] 树桩演说家(stump-orator),比喻随时随地都在鼓吹自己政治理念的政治家。

学或者真理而言，他们几乎没有什么价值，在我看来，（如果允许一个希腊人对此做出评判的话）英国在世的作家中，萧伯纳是唯一一位风格上具有真正文学光辉的作家。然而，作为对可能发生的社会革命产生影响的人，这些作家都至关重要。

或者用我的术语重复一下：就真理而言一无所是，效果上却极其重要或者有趣；这是诸如托尔斯泰、萧伯纳和其他现代犬儒派作家的真实视角。

[63] 他们的影响不在思想上，也不在艺术上，而是在行动上。

如果战神继续轻佻地对待林仙们（wood-nymphs）以及其他善意之人的热情，他们最终会变成一股强大的力量。他们可能会产生新斯多亚派，继而产生新基督徒。在战斗中，这些人自己可能只是出现在真正战士的前面或者旁边的鼓手中。然而他们的重要性不会因此而减弱。

教父们（Church Fathers）认为我是重要的平信徒之一，竭尽全力给我荣耀。但是我知道的远不止这些。真正重要的人物是安提斯忒涅或者第欧根尼，这就是罗马天主教会从来没有认可过我的原因。就像我现在不再介意第欧根尼的笑话、滑稽和胡言乱语一样，坦率地讲，在这些笑话和滑稽背后，是新信条、新运动、新世界的曙光（aurora borealis）；如此，我们也不应该介意托尔斯泰、易卜生、萧伯纳、法郎士以及其他现代犬儒派的奇谈怪论（grotesque boutades），因为在他们的背后，是社会世界的新电流发出的神奇闪光。

公众隐隐约约地感觉到了这一点，这就是他们继续阅读、批评或者斥责这些人的原因。公众觉得，尽管这些人此时此刻没什么用，但可能未来是他们的。

下面的凡人们还不知道，没有未来；他们也不知道，所有现在存在或可能存在的,都早已存在过。我们可以给他们指出事物的发展趋势,他们却不向我们求助;[64]他们想要的是以最新形式呈现的最古老的事物。

然而,我们知道,正如一个身在巴黎的现代雅典人所说的,"变化越多,本质越相同"。

不要对我皱眉头,赫拉克勒斯;我一清二楚,你所持观点恰恰相反,你会说:"本质越相同,变化越多。"

我还活在尘世的时候,我严格区分了现象和超现象(super-phenomena),或者称为物自体,当时我欣然接受了这一点。但我现在不再做这样的区分。

我们超越于时间之上。我们希腊人今天和两千多年前一样活着。我们依然出声地或者在莎草纸上思考着人类最美丽、最真实的思想。我们不是最近才派了一个人下来,让他和我们在一起吗?他一开始也是个犬儒主义者。但是在了解了所谓"未来"的虚无之后,他超越了时空,振着鹰一般思想的羽翼扶摇直上,飞升到我们欢迎他的高度。他乘上了喀尔刻女神划的船,刚刚进入港口附近。没有什么比请赫柏女神给他敬酒欢迎更合适的结束集会的方式了。

在场的人都把目光转向岸边,只见一个中年男子走上了圆形剧场的台阶。显然他已经恢复了往日的活力。当他走到距离聚会人们非常近的地方,第欧根尼喊道:"向您致敬,弗雷德里希·尼采!"

第三夜 阿尔喀比亚德论英格兰女性

[65] 第三个晚上，众神和英雄们聚集在威尼斯。就在大运河（Canal Grande）几乎消失入海的地方，在神秘的贡多拉上，①在爱与激情之城、在曾经集权力与美于一体的中心，神圣的集会在进行。群星闪烁的夜晚散发出无与伦比的魅力。大运河庄严沉默，笼罩着运河的黑暗勾勒出宫殿的轮廓，就像美丽的妇人们列队欢迎凯旋的英雄；成百上千的教堂肃穆的尖顶耸立着，就像一个个身形巨大的哨兵，守护着这个尚有无数秘密未被揭晓的小城，这秘密在数量庞大的档案中搜寻也是徒劳无功。最后，同样重要的是，无形的过去徘徊在这座独特城市的每一块石头上，所有这一切都为众神和英雄们在威尼斯的集会增添了不曾有过的崭新魅力。

宙斯并没有遗忘永恒的女性们，他请阿尔喀比亚德分享他在英格兰女性当中的冒险经历，来为聚会增加点儿乐子。于是阿尔喀比亚德站起身来，说道：

哦，宙斯，还有众神和英雄们，在过去的12个月里，和我共度时光的那些女子仍然令我着迷，以至于我无法平静下来为你

---

① [译按] 贡多拉（gondolas），一种独具特色的威尼斯小船，两头尖，造型纤细轻盈，是居住在潟湖上的威尼斯人的代步工具。

们形容她们的样子。在我那个年代,我认识[66]来自十几个希腊城邦的女人,另外还有一些野蛮地方的女人。然而,她们当中没有一个与英格兰女人有丝毫相似之处。现在我就描述一下我眼中这些北方女人的美。

不过,在我看来,我最好先谈一种特殊类型的女人,800年前有一次,我和阿伯拉德一起旅行,① 穿过中世纪法国的一些小城,在此之前,我从未见过这种女人。在英格兰他们称这种类型的女人为中产阶级女人。她并不总是美丽的,但是,如果她的容貌没有被她的灵魂毁坏的话,她通常很美。她是能想象出的那种最偏执、最富偏见、最不宽容的类型,有着反常的人性。

第一次遇到她时,我问她那天过得怎么样。对此,她忽闪着眼睛,阴沉着脸,回答说,"先——生——!"当我又加了一句:"夫人,我希望您一切都好?"她越发恶狠狠地看向我,说:"先——生——!"我完全不知道她怒从何来,我恳求她并向她保证,见到我很高兴。说着,她从座位上站起身,惨兮兮地大喊:"先——生——,您一点也不绅士!!"

在我的那个年代,我不止一次被请出女人的房间,但是对此总有一些可以接受的理由。在上述这个事情中,我甚至猜不出我到底犯了什错,请教过一位英国朋友后,我明白了,我应该从谈论天气开始交谈。如果谈话没有以这种方式开始,[67]那个阶层的英格兰女人就不会喜欢。毫无疑问,正是出于这个原因,宙斯,您给了英国四个不同的季节,但这四季都在同一天发生。如果没有这个气象上的事实,与中产阶级的人交谈简直不可能。

中产阶级的女人有一种持续不断的愤怒(indignation)冲动;

---

① [译按]阿伯拉德(Abelard,1079—1142),法国著名神学家、经院哲学家和逻辑学家。

除非她们一天之内至少感受到十次震惊，否则她们就无法生活。因此，一切都会让她们震惊；她们患有永久的震惊炎症（shock-ingitis）。

告诉她现在是下午两点，她会震惊。告诉她你犯了个错，现在只有一点半，她会更加震惊。告诉她亚当是第一个男人，她会义愤填膺地尖叫。告诉她她只有一个母亲，她会派人去叫警察。两千年来，我在欧洲内外各个国家的经历，都没有让我找到一个话题或者一种交谈的方式，能够让一位英格兰中产阶级女人喜欢或者接受。

起初，我以为她品德方面会像清教徒一样，因为她外表刻板严厉。有个英国女人非比寻常地漂亮，我试图取悦她。但我怎么努力都是徒劳，直到我发现她把我当成从 Soho 广场来的希腊人，这个广场在伦敦有点像我们比雷埃夫斯的贫民区。她从来没有听说过雅典或者古代历史，并且她相信圣女贞德是诺亚（Noah）的女儿。

当我知道了她这样认为，我时不时地会提及，我的叔叔是伯里克利大人（Lord Pericles），连斯巴达的国王都有理由让他的妻子躲着我。[68] 这一招立刻奏效。她彻底变了。我说的所有事情她都听得津津有味。当我说，"今天湿漉漉的"，她发誓说这是个绝妙的笑话。她甚至赞美我的手套。她不厌其烦地问我关于"上流社会（swell set）"问题。我告诉了她子虚乌有的见闻。我认识的人中，最低也是个贵族；我的朋友都是子爵和侯爵；我的狗是国王狗圈中某只狗的后裔；有三位伯爵和他们的妻子曾经在我的一辆车上摔断了十一条腿。

这些断腿使我更接近我的目标；当我最后告诉她，我在乌有（D'Ontexist）公爵的婚宴上搞坏了消化系统，她恳求我不要再拿她的情感开玩笑。我停止了闲扯。

"这段经历"，阿尔喀比亚德继续说，"着实让我明白了中产阶级女性那令人生畏的外表背后隐藏着什么。我发现了以中世纪女性外形出现的夏娃。这让我想起那些斯巴达女人,第一次见到她们的时候,她们显得那般骄傲,难以接近,就像女战士(Amazonian);第二次遇到她们,她们那让人望而却步的脾气收敛了一些;第三次见面,证明她们只是女人,只不过是女人"。

阿尔喀比亚德说:

老实说,我更喜欢英格兰中产阶级女人的第一个阶段。那种略显刻板的作风反而更配得上她的美。在第三个或者多愁善感的阶段,她反倒失了趣味。她的温柔是软弱的或者说是孩子气的。每次幽会后她都梨花带雨。这让我非常恼火。一天晚上,我忍无可忍,问她[69]是否愿意寄五英镑忏悔金(conscience-money)给英国财政大臣。她拒绝,并且大哭起来。于是我提议寄去五十英镑忏悔金,以免她再流泪。这建议似乎使她平静下来,抚平了她的心绪,我们就这样分道扬镳了。

* * * * *

"就在我从我的第一位英国女性朋友那里得以解脱的几天后",阿尔喀比亚德继续说,"我又结识了一位女子,我不确定她的年龄。她自称29岁。但是,我很快发现,英格兰所有达到一定年龄后还未结婚的女孩都恰好29岁"。

阿尔喀比亚德说:

她并非没有某种吸引力。她腹有诗书,谈吐流畅,有红褐色的秀发,白皙的手臂。用她经常使用的专门术语来说,她并不擅长措辞(felicitous)。她一再弄混偏执、重婚和三角函数三个词。①

---

① [译按]这三个英文单词的读音有相似之处,bigotry 偏执、bigamy 重婚和 trigonometry 三角函数。

我的出现似乎并没有给她造成多大影响，两三次拜访过后，我发现她长期处于反叛社会和法律的状态。

她认为，女性完全处于男性的奴役之下，如果不赋予女人最宝贵的权利（rights），也就是参政权（suffrage），那无论是女人还是男人都无法使国家（commonwealth）成为它应该成为的样子。

我告诉她，在我从雅典的政治舞台上消失后不久，［70］也就是大约2300年之前，雅典城的女性，还有其他城市的女性，曾经为了与她相同的目标共同呼告。"什么？"她喊道。"你的意思是，在那个古老的年代，女性参政论者们（suffragettes）就早已经为人所知了？"我向她保证，她告诉过我的关于她自己的事情以及关于她朋友们的目标和论点，都和阿里斯托芬的谐剧一样古老。我说的这些似乎对她产生了奇怪的影响。我注意到，这项运动对她而言最大的魅力所在，就是她自认为的运动的新奇性。她原以为争取女性参政是最新潮流，方方面面都是全新的。

过了不久，她回过神儿来，说："很好，如果我们的目标和目的都如此古老，那么这些目标牢固地建立在理性基础之上，肯定比我们想象的要牢靠得多。"

理性、正义、公正（Equity）和公平（Fairness）是她的惯用手段。她是理性之女、正义之妻、公正之母，还是公平的婆婆。我告诉她，将这个世界维系在一起的不仅仅是理性和正义，还有非理性和错误，但我说这些也是徒劳。她对我的话嗤之以鼻，并且邀请我在接下来的一个星期天去海德公园（Hyde Park）听她演讲。我如约前往。那里人山人海，数以万计。我的女士朋友身处其他六个女人当中，站在一辆马车上，她们都是喜欢单身的幸福胜于有伴侣的幸福。当然她们每个人都是29岁，然而她们的年龄加起来都能把人轻松带回到伊丽莎白女王时代。轮到我的朋友演说时，她对人群这样说：

[71]"男人们和女人们。抱歉，女士们，我的演说这样开场。这只是习俗，是我要服从的命令。在我看来，这个国家没有男人。有的只是懦夫和他们的妻子。除了懦夫，还会有谁拒绝给予女性最基本的公民权利呢？除了可怜虫和卑鄙的逃兵，谁会剥夺女人、性的权利，这些权利却给了那些人渣，只要他们每年缴纳一笔数额可笑的税金？这个国家没有男人。（人群中传来一个声音："显然，没有一个男人是给你的！"）

"我再说一遍：没有男人。我再重复一遍。我再怎么重复也不为过。或者，你会称呼一个一无是处的人为男人吗？首先，一个真正男人的首要特征是他热爱正义。这个特征专属于他，我们女人不会丝毫假装分有了他这个首要特权。

"但是，现在所谓的男人们能被称为是正义的吗？剥夺对一半以上的国民，剥夺对女性的正义，这算正义吗？让我们的女人获得参政权吧，男人们就可以借此行正义之事，成为真正的男人，配得上他们的参政权。他们反对我们心愿的所有理由难道不都是毫无力量吗？

"他们说，赋予女人参政权会把她们过多地拖入政治领域，从而使她们变得不像女人。请看，我们聚集在这里的女性，我们没有女人味吗？我们看上去像是失去了所有萦绕在家庭妇女灵魂上的东西了吗，那蜜桃绒毛般柔美的气质？（掌声雷动）谢谢，非常感谢。我知道你们不会这么想。

[72]"不，认为马车（wagon）能让女人变成龙（dragon），这实在是荒唐。我上了公共汽车就会改变吗？或者是坐上出租车？那么为什么我站在马车上就会变样呢？我不会因为马车而改变，就像马车不会因我改变一样。（一个声音传来："好一辆旧马车！"）

"我们想参与立法。在许多方面，我们比男人们了解得更为详尽。拿食品掺假来说,谁能比我们知道得更多呢?比如酗酒,谁能比我们更多地偷偷喝酒呢?比如诽谤中伤法,谁能比我们诽谤中伤干得更多呢?谁能比我们在这方面更有经验?

"看看历史吧。历史上反复出现这样的时期,很多女王和王后比男性更才能卓著。政治,尤其是外交政策,仅仅是编织谎言和伪饰。谁能比我们更擅长这个?人们说,如果女性取得了参政权,那下议院很快就会被女性填满。为了论证起见,让我们姑且承认这一点。差别真的如此之大吗?难道就没有身穿裤装的女性吗?难道穿裤子的女性不比男人更多吗?

"如今,大多数男人都声嘶力竭地要和平、仲裁、国家间的善意以及类似的灵丹妙药,难道我们女人不能做这些吗?我请问在场的诸位男性,我们不也能这样做吗?这个国家的男人们认为,他们能通过鼓吹和传播禁酒主义、基督教科学、素食主义或者极简生活主义(simple lifeism)迎来千禧年。多么荒唐和琐碎。

[73]"看看我们女人们打算宣扬和传播的 isms[主义]吧:(1)反紧身衣主义(Anti-corsetism);(2)反裙装主义(Anti-skirism);(3)反波奈特帽主义(Anti-bommetism);① (4)反手套主义(Anti-gloveism);(5)反领带主义(Anti-necktieism);(6)反香烟主义(Anti-cigarettism);最后(7)反—反对主义(Anti-antiism)。

"在这七座反对山(hills of antis)上,或者如果你喜欢,你

---

① [译按]波奈特帽最早是一种无檐软帽,女性戴在头上用于室内防尘,18 世纪后期,波奈特帽开始变成阔边款,宽大的帽檐既保护佩戴者免受阳光的直射,也能挡住异性目光的骚扰。还有一种说法,宽大的帽檐会阻挡视野,佩戴者通常只能看到自己正前方,因而在日常生活中需要更多的异性帮助,从而让女性显得娇柔。

也可以说在这七座蚂蚁山（ant-hills）上，实际上这是反对病（anti-ills），① 我们建立我们的新罗马，这是有史以来最奇特的（rummiest）罗马，比恺撒和教宗的罗马城更为永恒。给我们参政权！你们看不出对此我们多么严肃认真吗？我们非常清楚，各个阶层的男人们只有通过激烈的斗争才获得了参政权，在这些斗争中，有些国家不计其数的男人被杀。但是你们真的能把我们女人置于同样的困境中吗？

"显然，男人们不得不艰苦卓绝为之奋斗的东西，应该仅仅作为礼物开着玩笑送给女人。给我们参政权！不要学究气（pedantic），也不要淘气。我们是认真的；出于礼貌，作为一种良好的举止，把参政权作为一个笑话给我们吧。

"来吧，我的男性朋友们，做个好孩子；让我帮你掸一下外套，整理好领带，再往胡须上抹些发油。你瞧！这就是一个可爱的好孩子。现在打开国家的保险箱，迅速给我们权利中的权利，力量中的力量，这些正是你们男人们自从1215年《大宪章》以来一直为之奋斗的东西，把参政权作为一件附带的免费礼物给我们。

"如果你们这样做，我们就会通过一项法律，所有的理发店都会交到温柔可人的年轻女理发师手中。想想这会给你们带来的赏心乐事吧！想想你们在理发店的椅子上安静地打个盹儿，[74]脸上涂满肥皂，一双温柔的手给你刮掉，洗干净。这难道不是让人珍视的小乐趣吗？现在，看这里，我的男性朋友们，如果你们给我们参政权，我们将给予你们这种以及诸如此类的福利。

---

① ［译按］作者在这里巧妙利用英文词汇的特点，将 hill, ill, anti, ant 进行不同的组合，语言风格活泼幽默，语带讽刺。

"不，我们在所有其他事情之前（只要我们有参政权！）首先要通过一项废除违反婚约诉讼法案（abolishing breach-of-promise cases）的立法。

（从四面八方传来无尽的欢呼声——乐队——焰火——圣维特斯舞蹈）直到巨大的人群爆发出歌声"她是个快活的好姑娘"，等等。

"谢谢，你们真好。是的，我们打算废除违反婚约的诉讼。想想这对你们有什么好处。一个男人能够同一时间在五个不同的角落调情，不会冒任何风险。他能够用彩虹中所有的颜色来练习写信，丝毫不会危及他的职位、钱包或者期望。他随时随地都能尽情地给自己找乐子。是什么使得你们这些男人如此拘谨、张口结舌、面无表情，不就是害怕对违反婚约的诉讼吗？一旦废除了诸如此类的法律，你们也就不用再害怕，你们就会变成让人愉快的伟大演说家，充满迷人的放纵，可爱到无法用言辞形容。一个自然而然的结果就是，女人们会比以往任何时候都爱你们。在情场上你们的战利品将不计其数。你们会像阿尔喀比亚德一样，不可抗拒，处处凯歌。现在，我们还有什么更为诱人的东西给你们吗？

"当然，我知道，从外表看，你们假装是不讨女人喜欢的男人。但是，私底下说，[75]请问，事实上你们难道不是恰恰相反吗？男人喜欢一夫多妻，我们女人丝毫不喜欢男人，假设与我同时代的女人都灭绝了，世界上只剩下我一个女人和六亿男人，我自己很快也会无聊而死的。除了作为一个女人对抗另一个女人时手里的底牌之外，这里的男人还有什么别的用处？如果我不能让我女性朋友的男人远离她，从而让这个朋友多点心痛，她的男人对我还有什么用？'

"但是你们男人们就大不相同了。你们希望所有的女人，至少是年轻漂亮的女人们都听你吩咐。当然，我们不能为你们立法。但是我们能够做到次优选择：我们可以清除你们前进道路上的主要障碍：废除违反婚约诉讼。只要你们给予我们参政权，我们就承诺能做到。然而，如果你们认为这是我们特意为你们准备的一切，那你们就大错特错啦。远非如此。

"如果你们给我们选举权（franchise），我们保证永远不会出版小说或者戏剧。

（掌声雷动，男人们互相拥抱，老先生们喜极而泣，一位教士号召人们祷告，这时天上出现了彩虹。）

"是的，尽管心碎，但我们将在爱国主义的祭坛上做出这一巨大的牺牲：从此以后我们不会出版任何小说。我不能说我们不会写任何东西。这是我或者其他任何女性都无法承诺的。我们必须写小说。我们屈从于写作的热望，这完全无法控制。一个女人说得越少，[76] 她写得就越多。她必须写作；她必须写小说。

"我们写作，现在我们每天大约出版五部小说。如果你们给我们参政权，我们保证不会出版任何一部小说。

（全体高呼："给她们参政权，看在上帝的份上！"）

"如果你们不给我们参政权，我们会每天出版十部小说。

（可怕的喧嚣——尖厉的声音呼叫警察，在场的二十名出版商被围——克拉·莫里斯小姐现在有生命危险，迫在眉睫。）

"我说的是十部吗？我想说的是，如果你们不给我们参政权，我们就每天出版十五部小说。

（革命——手枪射击——消防队赶来了。）

"每天二十——三十——四十部小说。

（大本钟在咆哮——泰晤士河泛滥，米德尔塞克斯（Middlesex）被淹——下议院暂停《人身保护令法案》）

"或者甚至是每小时出版十部小说。

[阿尔伯特纪念碑（The Albert Memorial）离开了自己的位置，到帝国理工（Imperial Institute）寻求庇护——绝望的人群，跪倒在地，请求演讲者怜悯他们——他们承诺参政权，要么马上给，要么在此之前给。]

"看吧！我告诉过你们，我们是认真的，并且我们有各种手段将你们也变得认真。因此，可以达成共识，你们给我们选举权，我们就会停止出版小说。但是如果你们改变主意，背弃现在给出的承诺，那么我们必须警告你们，我们还有更为极端的方式 [77] 迫使你们就范。你们绝不要以为，我们能够带给你们的压力在刚才列举的手段中已经用尽。我们还有其他手段。但显然出于低调的缘故，我们更愿意去寻求我那慈母般的导师，煎饼夫人（Mrs. Pancake）的指导，告诉你们更多关于这些手段的事情。"

* * * * *

随着我这位温柔的朋友退出，站起来一位面容强硬，肌肉松弛的中年女人。迎接她的是令人伤心的沉默。她用刺耳的声音开始说话，生硬的手势把空气斩成几段，衬托得声音越发刺耳。她说：

"女士们先生们，如果你们不给予我们正义、公平，并且同意我们着装上的要求，你们将不可避免地遭受一些不利影响，只有野蛮人才会拒绝这种要求。现在我们要给你们提个醒儿，如果你们固执坚持、顽固地拒绝给予女性选举权，你们将会有什么遭遇。我们女人们已经下定决心，排除任何可以想象的犹豫、变化，或动摇。我们一向坚定，不可动摇。

"为了说服你们，我们已经竭尽所能。我们印发了不计其数的宣传册子；我们在不计其数的街道进行过难以数计的游行；我们佩戴了无数的徽章，我们高举了成千上万的旗帜和标杆；我们尖叫、推搡、吵闹、拳打脚踢、咬牙切齿［78］（即便最初并非出于上述目的来做这些），任凭我们的裙子被撕成碎片；我们请求、拦路、质询、伏击、恐吓和请愿了所有的大臣、所有的编辑、所有的教士、所有的新闻工作者；我们遭受了监禁、罚款、蔑视和嘲笑；除了实打实的战斗之外，我们已经做了男性为争取参政权做过的所有事情。

"如果所有这些巨大的牺牲对我们没有任何好处；如果这一切都是徒劳；那么我们这个国家的女性，我毫不怀疑其他国家的女性也同样，作为最后的手段，我们会向女性中最古老最强有力的盟友寻求庇护。永恒的时间被分为两个部分：白天和黑夜。白天是男人的。黑夜是我们的。

（死一般地沉默——男人们看上去开始严肃起来。）

"黑夜，我再用最严厉的方式重复一遍，黑夜是我们的。的确，我们承认，十六个小时属于男人；但是剩余的八个小时是我们的。星星和月亮；黑暗和它们带来的梦，都是我们的。如果你们男人坚持拒绝给我们选举权，为了月亮、星星和梦，你们醒来也是徒劳。你们确实会看到星星，但不是你们期待的那样。我们不会为你们的恳求所动。你们不再有月亮；没有新月、半月和满月；没有星星，没有银河；没有银河系（galaxy）也没有勇气（gallantry）。"

（一名救世军成员："让我们祈祷吧！"——一位士兵："哦，夫人，星期六是休息日吗？"——律师、禁酒者和左拉文集的三位编辑："可耻！让人震惊！"——一位学者："夫人，那是陈词滥调，阿里斯托芬［79］早就提出过了！"——人群骚动——皮卡迪利（Piccadilly）大街的一群修女为这个说法欢呼，并且提高了票价——苏格兰场特警微笑①——《每日钉报》把每个人都拍了下来，并现场采访了煎饼夫人——著名作家戈尔德夫人（Mrs. Guard）立即成立了抵制者联盟，其座右铭是"天文学为人民——星条旗解放——爱的美利坚合众门（the United Gates of Love）"——《每日密友报》患上了道德阑尾炎。）

* * * * *

阿尔喀比亚德在诸神的笑声中继续说道：

我多希望阿里斯托芬也在场。我向你们保证，阿里斯托芬在他的谐剧《公民大会妇女》（*Ecclesiazusae*）和《利西翠妲》（*Lysistrata*）中所描绘的场景，与煎饼夫人的夸夸其谈引起的混乱场面相比，都会显得苍白无力。煎饼夫人的威胁与她个人所展示给男人欲求的星星和月亮之间形成了如此强烈的戏剧性对比，以至于它的谐剧效果几乎一时让人无法忍受。

这场混乱骚动达到高潮时，一个响亮的声音邀请所有在场的人到另一个讲台（platform），那里有另外一个女人在滔滔不绝地谈论爱情自由和婚姻自由。我立刻赶往那里，听了一篇从方方面面看都非常有趣的演讲，演讲的女人像是由一吨骨头和一盎司肉组成。她的年龄在四十到七十九岁之间，说话的腔调透着确信不疑，声音像是从她个人砖石结构的每个角落传来。她的手势，如果我可以这样说，和她的声音一样尖厉，[80]伴随着胸中的气流带来的阵阵诡异的强风出发，一路畅通无阻，结果却又被过多的牙齿阻挡。她说：

---

① [译按]苏格兰场（Scotland Yard），指英国伦敦警察厅，它是英国最大的警察机构，负责维护伦敦地区的治安。这个名称源于1829年，当时伦敦警察厅的总部设在伦敦市中心的苏格兰场，因此得名。苏格兰场位于伦敦的威斯敏斯特区（Westminster），离上议院约200码。

"先生们，你们在那边妇女参政论者讲台上听到的一切，说得客气点，纯粹是废话。我们女人不想要参政权。我们想要的完全是另外的东西。自从夏娃以来，我们所有的悲惨境遇都来自一个愚蠢、荒唐、罪恶的制度，并且只来自那个制度。消除那个堕落的粪坑、社会腐败的温床、男人和女人们的退化（degradation），我们都将会永远幸福和满足。

"那个制度，那个癌症的温床，那种退化就是：婚姻。只要我们还要忍受这种人类最神圣的情感和欲望被可耻地束缚和滥用，我们社会的苦难就会长久持续下去。

"取消婚姻。

"你们想想看：我不知道，也不想知道别的国家怎么样；我只关心我伟大的国家，关心英国，关心英国人。现在，在场的（或不在场的，就那件事而言）会有人当真认为，英国人天生适合或者经过教育而适合婚姻吗？为什么，一万个人中没有十个人适合婚姻。

"一个英国人就是一座孤岛，一条孤独的虫子，道德上的隐士，社会上是一头熊，人性上是一个独眼巨人（Cyclop）。他讨厌同伴，包括他自己的同伴。[81] 他只要想到任何人闯进他神圣圈子超过几分钟，就会非常反感。他生病时，最痛苦的是朋友们询问病情。他成功时太过骄傲，不愿意屈尊和低于贵族身份的人交谈。他不成功时，想当然地认为没有人愿意和他说话。他根据自己的特点建造房子：房间互不相通。他在那些讲话尽量少、一年只拜访他一次的人中择友。任何对他个人的评论他都憎恶至极。就算委婉地告诉他，他领带的颜色和背心的颜色极不协调，他都会因此恨上你三年。

"先生们，你们的意思是说，这样一个生物适合婚姻？也就是说，适合处于这样一种状态：除了他自己以外的另一个人，宣称有权无论白天还是晚上任何时间都能和他同处一室；有权评价他的领带、袖口，甚至他的香烟；有权跟他说话，说上一个小时，可以挖苦他，拿他逗趣——天哪，你不妨打电话问问坎特伯雷大主教，他愿不愿意到街角的一家酒吧来喝一杯巴斯酒（Bass）。

"关于妻子出于温柔和亲密提出的那些更私人化的要求，比如拥抱、亲吻，一想到哪个女人甚至在生命未遭受巨大危险时尝试做这些事，人们就会不寒而栗。

"想象一下一个妻子试图亲吻她法定的丈夫！这位丈夫，对自己的衣领和袖口比对他的银行账户更感到骄傲，他竟然能平心静气、心甘情愿地忍受着妻子折磨完美无瑕［82］的衣领和袖口。

"这超出了人类的理解力。这想法本身就不可思议。

"这也许在婚姻生活的最初几个星期还可能发生。但是六个月之后，一年或两年之后——一个人得有多大的想象力，才可能想象出这种事情可能发生？六个月之后，他对妻子就像对个天体一样漠不关心；一年之后，他就会恨她。倒不是说他想要别的女人，或者别的男人的妻子，或者别人妻子的男人；他想要的是一个人待着。

"他早就摆脱了国家、教堂、军队、政治还有贵族。没有什么比他想摆脱最后的旧枷锁——婚姻更显而易见了。他的目的是：要钱（shekels）①，但不要枷锁（shackles）。

"一些让人难以理解的谦虚之人提议婚姻只存续十年。他们主张，现代婚姻的关键阶段似乎出现在十年的后半段。他们说，

---

① ［译按］shekels，舍客勒，希伯来人采用的基本重量单位，也指金钱的价值。《圣经》提到舍客勒时，多用来指金子或银子的重量。

丑闻通常突然出现在这一阶段末期，如果在第十年行将结束时合法地终止婚姻，可能就会很好地避免丑闻。提出这种想法的人显然完全没能看透现代婚姻的真正特点。

"如果婚姻只能持续十年，那么可以肯定的是，出现丑闻的关键阶段会在第五年行将结束时。丑闻的出现，真正的原因不在于时间的长短，而在于婚姻的本质。如果这个邪恶、野蛮的婚约只维持五年，那么它的关键期和丑闻[83]就会出现在第二年的年末。同理可推，如果婚姻只维持一年，那么因为其固有的缺陷，婚姻会在六个月行将结束的时候遭遇不幸。

"婚姻的唯一治疗方案就是废除它。难道婚姻不需要那种特有的品质吗，十万分之一的英国人才有的品质：让步（yieldingness）？或者说有谁能否认，没有一个英国人真的愿意承认他或她错了？

"他们都绝对正确。人们写了很多有关历史上英国对教宗敌意的文章。真是一派胡言。英国人并不讨厌教宗；他们只是鄙视那种观点，认为应该只有一个绝对正确的教宗，然而他们知道，目前仅仅在英国就有三千多万人自认为绝对正确。既然这样，婚姻如何能成功呢？"

"或者接受它"，那个提倡爱情自由的女士继续说道，"从另一个角度接受它。大多数英国男人步入婚姻时，就算不是完全没有关于女人的经验，他们的经验也只是微乎其微。就在前几天，一个二十五岁即将结婚的年轻人，当面问我，一个女人是否可能在五月初生下一个孩子，在接下来的六月生下第二个？他认为《泰晤士报》连载系列适用于一切好东西"。

那位女士说：

"还有年轻人严肃地咨询婚姻策略，在电影《纽约美女》（*Bette of New York*）中有一首非常著名的歌曲，其中一个女孩问她的未婚夫'我们结婚后你打算做什么？'这问题可能只会出现在盎格鲁-撒克逊血统的国家。在拉丁国家，因为公众没完没了的笑声，这部轻歌剧不可能一个晚上就结束。[84]正如他们所说，在伦敦没有人会对这个问题感到奇怪。在场男人中，有半数曾经自问或者问过医生同样的问题。

"在整个婚姻问题中，如果说有一件事比另一件更为确定的话，那就是：通常，毫无经验的未婚夫会成为最差的丈夫。他只是熟悉男人们的行为方式和言行举止，所以他就会误会、曲解、误判他年轻妻子的大部分言行。他对妻子浮夸的温柔感到震惊，并经常把她表现出的爱意视为只是低劣的奉承或者虚伪。他常常不再将她作为妻子，而只是作为自己的姐妹继续生活在一起；由于妻子更加忠于天性，很少不设法补偿自己，她的丈夫就扮演某种君士坦丁堡绅士的角色。因此，确切地说，著名的'三人行（menage a trois）'在英国并不存在。在英国总是'成双成对（menage a deux）'。

"那么，如果，我们不是继续婚姻；如果不再维持一个如此荒谬、如此违背英国人本性的制度，而是将之完全抛弃；如果我们引入所有事情中最为神圣的：自由爱情（Free Love），而不是强制举行婚礼仪式，那么对于整个国家以及组成这个国家的每一个人而言，日积月累的益处将是巨大的。

"唉，自由爱情，这是唯一的解决办法。自然知道她追求什么。蓝眼睛的渴求黑眼睛的；金发的渴求黑发的；高的渴求矮的；瘦的[85]渴求胖的；没有学问的（unlettered）渴求有学问的、不受束缚的人。这就是自然。

"如果这些亲密关系得以自由发挥，结果将会是一个巨人和英雄国家的产生。亲密关系产生无限可能（Affinities produce Infinities）。婚内的自由交易是一剂灵丹妙药。既然结婚的唯一正当理由是孩子，那一个人怎么敢和任何别人结婚，而是不和他或她，和那个最可能与之拥有一个最优秀孩子的人结婚？那个人得由自然明确指出来。那么，社会、法律或教会怎么能够宣称有权干涉选择呢？

"我知道你们很多人都会说：'哦，如果男人们只是通过自由的爱情挑选妻子，那他们每个季度都会有一个不同的妻子。'但是如果你们仔细想想，就会发现根本不是这样。如果男人们通过自由爱情得到妻子，他们就不会考虑每个季度都娶一个不同的。因为，他们还能选择哪个妻子呢？按照这个假设，不会再有女人剩给他们，其他的女人早就被她的自由恋爱者们选中了。此外，如果一个男人出于自由爱情娶了一个妻子，他就会坚守她，因为他爱她。如果他不爱她，他就不会选中她；如果他不再爱她，他也找不到别的女人和他一起，因为他已经证明了自己的反复无常。

"最后的，也同样重要的是，女人们和男人们会组成复杂的共同体，以防止轻易的背信行为发生。目前，不会有一个女人真有兴趣去关心另一个女人的男人。在自由爱情之地情况就大为不同。对男人们和女人们非官方的监督和控制会像修道院的秩序那般严格。[86]作为一个男人，偿还牌桌上欠下的债，要比偿还欠裁缝或者杂货店老板的债务更让他焦虑不安，仅仅因为赌债是不受法律追究；同样，在自由爱情的领地，夫妻间的亏欠也会以一种实际上未知的准时性得以偿清。

"那种认为合法婚姻能使男女保持有道德的生活的老生常谈，在过去六千年中，已经遭到驳斥。直到今天，人们都无法否认，一位土耳其妇女曾经在回答一位基督徒女士时道出的真理。这位基督徒女士问那位东方人：'你怎么能够忍受你的丈夫在同一个屋檐下同时拥有他的另外三位妻子？'土耳其女人回答：'请不

要过于激动。我和你唯一的区别在于，我知道我对手们的名字，而你并不知道。'

"只有在自由爱情领地上才有美德。男人们和女人们自由选择，只遵从绝对正确的自然的命令。得到的结果是秩序、健康、快乐和效率。当想到不计其数的老姑娘的生活被献祭给了现代法定一夫一妻制的摩罗神，① 一个有理智的人怎么还会相信现有的婚姻制度呢？

"英格兰的老姑娘的数量大约是所有其他国家的四倍；除了新英格兰地区，在美国，每两个女人中就有一个老处女。有没有人认真思考过，数量过多的老姑娘给社会和国家带来的巨大危险？我把话放在这儿，我敢说，毫无疑问，你们当中的每个人都在他或她的家庭中遭受过某个老姑娘带来的痛苦。

[87] "老姑娘们要么是善良的天使，要么是人形的魔鬼；两种情况的比例要留给大法官裁定。但是，是谁或者是什么制造出了老姑娘？是我们法定的一夫一妻制。给我们自由爱情，你们将再也听不到老姑娘这个词。拒绝自由爱情，我们就会不得不把我们的老姑娘们编成军团，送她们去对抗德国人。柏拉图说过，一个女人未得到满足的子宫在她全身四处游荡，就像一头饥肠辘辘的野兽，会吞噬游荡途中的一切事物。我们现有的婚姻制度造就了更多的受害者而不是胜利者。"

* * * * * *

阿尔喀比亚德说：

这个骨瘦如柴的女人想要继续演讲，但是一名年轻的警察打

---

① ［译按］摩罗神（Moloch），盛行于上古的地中海东海岸地区，包括迦南人、亚扪人、希伯来人、腓尼基人，等等。古代迦南人膜拜摩罗神最独特的方式，由父母将自己的子女献祭焚烧，以求神明保佑。

断了她,威胁说如果她要继续,就会监禁她。她威胁说爱上了他;随之年轻的警察以自己最快的速度溜之大吉,但是这位勇敢的女演说者立刻跟在了他后面,几乎追上了年轻的警察,同时嘴里喊着"我爱你是我的自由"——"我自由地爱你"。所有人都跟上去,大喊着,尖叫着,笑着,唱着自由爱情的歌曲。关于自由爱情的讲述就到这里。

*　*　*　*

阿尔喀比亚德继续说:

几个星期之后,我结识了他们所谓的社交名媛。[88] 当然,她是一位专家。她已经发现,她身体的魅力在进入拥挤房间的那一刻,最能得到展示。用厨师的措辞来说,她是开胃菜的美。她的名字叫恩特里亚(Entrea)。走进沙龙的那一刻,只是前几分钟,她惹人注目,给人英姿飒爽的印象。她走路仪态很好,头部的上半部分,头发、前额和眼睛都很漂亮。她知道,每走进一间屋子,大家注意的就是她头部的上半部分。她最有策略性地利用这一点。她走进来,笑容纯真,眼眸明亮。毫无疑问,出场效果相当不错。

为了增强效果她总是来得晚些。她的双颊丑陋,双肩更丑;她的胳膊,还是很丑,这些都被巧妙地掩饰了,或者显得不那么重要,仿佛都被她的大眼睛主导了。她非常成功。大多数男人都认为她漂亮;女人们则很高兴她显著的出场效果不会持续太久。她用心记住大约 15 句话,这些都是用来应付她社交场合遇到的 15 种不同男人的类型。这些话中每一句都让她显得颇有才智,显得对理解话题颇感兴趣。其实她根本不懂;但是她从未混淆过这 15 句话,这归功于她的本能,绝对可靠的本能。

第三夜　阿尔喀比亚德论英格兰女性　| 79

　　她上一次发自内心或者天真无邪地说话做事，是她离开幼儿园的那一天。从那以后她就开始管理［89］自己的一言一行。每一件事情都有一个冷静的意图。实际上她生来就想成为怀特莱斯百货公司的售货员。① 但她未能如愿，于是就将自己的气质、微笑和举止用来换取最大的社交利益。作为一个狂热的物质主义者，她却总是假装只为理想而活。她讨厌音乐，却总标榜自己是瓦格纳（Wagner）的狂热爱好者。像许多女人一样，她缺乏追求智识的天赋，但她最渴望的却是读严肃的书，听严肃的讲座，参与有关哲学的谈话。

　　我以叙拉古（Syracuse）王子的身份遇见了她。起先她认为叙拉古是我父亲的名字；我给她解释，叙拉古是西西里一个著名城邦的名字，她问我，我是不是属于那个以"欲盖名章"（qui s'excuse, s'iracuse）为座右铭的大家族。②

　　当我否认这一点时，她惊呼："但你至少属于黑手党（Maffia）吧？哦，那一定很有趣！"为了取悦她，我立刻归属了那个秘密刺杀组织。然而，我很快意识到，她认为黑手党是西西里的爱国政党。

　　当我们变得更加熟稔一点的时候，她告诉我，除了叙拉古，

---

① ［译按］怀特莱斯百货公司（Whiteley's），是伦敦第一家奢侈品百货公司，位于伦敦一区海德公园北面。1896年，怀特莱斯百货公司拿到皇室认证，一度门庭若市，是西区富人最爱光顾的社交场所。"二战"中，百货公司损失惨重，到20世纪80年代才完成重建对外营业。现已经重新规划成豪宅和酒店。

② ［译按］原文中的 qui s'excuse, s'iracuse 可能是对 qui s'excuse, s'accuse（法语谚语，字面义为"找借口即认罪"）的戏仿。作者运用双关谐音，替换了结尾词，让女主角生造了一个伪座右铭，既误用了谚语，也误解了地名，表现了对话女人的装腔作势、附庸风雅。译者尝试将这个伪座右铭对应翻译为一个同义却有错别字的成语"欲盖名章"。

其他我什么都不要谈论。用她的话说，那样会给我一种特殊的魅力，让我有别于他人。因此，我让所有的故事和偶尔的闲聊，都发生在叙拉古。我是个叙拉古人。她发誓我的口音是叙拉古式的，我整个人的魅力都散发着叙拉古的气息。在社交场合，她把我作为一个奇特种族的人引荐，叙拉古，在西西里，靠近里维埃拉（Riviera）。

[90] 有一天，她问了一个令我吃惊的问题，叙拉古的男人们是否依然还有同时娶两个女人的习俗？她在某本书上读到过公元前4世纪老狄俄尼索斯的双重婚姻。对此，我让她冷静下来。我说，从那个时候起，叙拉古的情况就发生了改变。

另外，我不确定，她是个离过婚的处女，还是某位亡姊的未亡人（a deceased sister's wife）。① 完全搞不清楚。和我一个人单独谈话时，她枯燥乏味，像个严守教义的清教徒（Non-conformist）；但是，在一个人头攒动的客厅里，她却对我示以万种风情，极尽旖旎之能事。

一天，我告诉她，我在奥林匹亚的战车竞赛中取得过巨大的胜利。她看着我，带着会意的微笑说："得了，得了，为什么我没有在《每日钉报》上读到关于此事的消息？"她给我看她的帽子，指着里面的一张纸条，上面写着："我自己也有点爱说谎。"我向她保证，我真的在奥林匹亚获得了大奖。

"这些事情见报了吗？"她问。

我说："当时我们没有报纸。"

---

① [译按]"亡姊的未亡人"如果根据英文原文直译是"已故姐姐的妻子"。"离过婚的处女"和"姐姐的妻子"都有一种矛盾修辞的张力，暗示人物身份悖论。本书写于维多利亚时代末期，公开提及同性恋是种禁忌，作者这里用 a deceased sister's wife，可能是极其隐晦地暗示上述女性的同性伴侣角色。

"没有报纸?"她喊道。"怎么,你们像黑人一样吗?没有报纸!接下来你还要告诉我什么?也许你们也没有礼帽?你是要告诉我,你们的这位伟大诗人——你们怎么称呼他?——啊,荷马大人,他没有礼帽?"

我向她保证我们没有帽子之类的东西。

"哦,我明白了",她说,"我看,你们就像警察(blue boys)一样就这么组建起来了,但你们肯定戴过手套吧?"

我一否认,她的脸色马上变得苍白。

[91]"你们也没有手套吗?那么我必须再问你一件事:你们也没有鞋子吗?"

"没有",我平静地说,"我们当中有人总是光着脚,比如,苏格拉底,也有些人穿拖鞋"。

她笑了,难以置信。我告诉她,在雅典的鼎盛时期(heyday),街上的男人们超过三分之一赤身裸体。她没有介意裸体,但她却停留在了"鼎盛时期"(heyday)这个词上。

她问我:"一年中的哪一天是你们的鼎盛时期?"

我不知道该说什么,直到我脑子一闪念,意识到她指的是"干草日(hay day)"。我很快发现自己是对的,因为她又说:

"光脚能治愈花粉热吗?这就是有些人至今还在谈论苏格拉底的原因?"

我盯着她。她可能真的不知道苏格拉底是谁吗?苏格拉底啊,我试图简略描述一下您的生活,但是我无法穿越到您出生前的时间。因为,当我提到您的母亲曾经是位助产士时,我的女性朋友面带恐惧,退缩了。

"什么",她喊道,"苏格拉底是一位助产士的儿子?——助产士?——求求你,请不要让我们谈论这样的人!我希望他至少是准男爵的儿子。你们怎么忍受得了他的陪伴?"

"这就对了",我说,"我忍受不了。他如此迷人,以至于我担心自己忽视了他之外的其他一切,我像一只被猎杀的鹿,从他身边逃走了"。

"可是,求求你",她反驳道,"一个助产士的儿子能有什么魅力呢?我能想象,有人可能对一个聪明的助产士有兴趣,但对她的儿子?哦,太荒唐了,无话可说!"

[92]我回答道:"我迷人的朋友,苏格拉底,就像他自己常说起的,他本人就是某种助产士,他从不自诩是某种思想的父母,而只是帮助别人产生思想。"

"哦,是这样吗——"她冷淡地说道,"苏格拉底在助产时亲自服务吗?你们的女人们在她们最娇弱的时刻雇一个男人,多丢人。我现在明白了,为什么我的那么多女性朋友都抛弃了一个开柏拉图讲座的男人。他同样谈到了苏格拉底,当我们知道苏格拉底是个倒霉的助产士时,我们愤然离开了讲堂。想象一下,那个男人说他的讲座有关柏拉图,但在他的演讲中,他却谈论托儿所、禁酒主义、基督教科学以及诸如此类,就像昨天发生的事情,对于这些,柏拉图应该还是一无所知"。

"但是我亲爱的恩特里亚",我打断她,"柏拉图的确谈到过所有那些事情,并且态度非常极端"。

"他怎么能够谈论这些事情呢?"她得意地反驳,"柏拉图看过《每日钉报》或《女人世界》吗?"

"没有",我说,"他从来没有看过那些东西,这也是他具有非凡才能的众多原因之一。但是他以一个圣贤的全面知识,谈到节制、简单的生活、超人,以及所有所谓这个时代的发现,他实际上早就经历过这些古怪的事情"。

我那迷人的朋友再也无法忍受。她打断我说:

"为什么,每个孩子都知道,除了柏拉图式的爱,柏拉图没谈论过别的。我们所有人都盼着，不听别的，就谈这种奇特的爱情［93］，如果这种爱情不会坚持太久，那就是我们都渴望的爱情了。我们去听那门课程，不仅是为了唤起我们心中久违的理想主义的战栗，甚至还为了唤起对复本位制（bimetallism）的战栗，① 或者说对它双倍重量的战栗。

"我们想，既然柏拉图的名字明显是以铂金（platinum）命名，我们知道，铂金是最贵重的金属之一，他的哲学处理的一定是让我们付出最大牺牲的那种感情。

"无论是谈论还是思考，柏拉图式的爱情都是最舒服的话题。它让你看起来纯真无邪，然而在这个话题的边缘，却有种美好的、可怕的可能性，让你坠入快乐深渊。每种事物都有两种价值；一种是柏拉图式的，另外一种，是下流的（naughty）。整条裸露的手臂可能是柏拉图式的；而从精致的花边袖口窥视到的一只性感手腕也许只能是一剂滋补药（tonic）。

"这些正是我们希望在那些讲座中听到的主题。相反，那个男人对这些主题只字未提，只字未提柏拉图式的爱情；实际上，他说，柏拉图从未谈及现在人们所说的柏拉图式的爱情。那个男人自称是学者？哦，连我的女仆都知道。有一天，她在报纸上看到了那个演讲者的照片，她尴尬地笑着对厨师说：'这就是那个在克利夫利斯（Cliradge's）谈论流产的那个男人。'女仆说得不对吗？柏拉图式的爱情不正是那些人流产的原因吗，无论是在婚礼前、婚礼中或者婚礼后？"

她喘了口气补充道：

"我们都知道柏拉图是个神秘主义者，他那里满是令人毛骨

---

① ［译按］复本位制，也称为金银复本位制，是一种货币制度，传统上采用金、银两种金属同时作为本位货币，由国家规定它们之间的币值换算。

悚然的，半色调（half-toney）、恐怖的东西，或者让我觉得即便在日常生活中也被星号（asterisks）包围着，或者他们称之为星际力量。[94] 柏拉图不是布拉瓦茨夫人（Mrs. Blavatsky）的密友吗？布拉瓦茨夫人是《少女的祈祷》作曲者巴达捷夫斯卡女士（Madame Badarzewska）的妹妹。你瞧！为什么那位演讲者不谈论手相学、耳相术、巫术、魔法等其他让人心痒的技艺？对这些只字不提！我们对此愤愤不平。

"我的一个朋友，奥弗莱·布雷兹太太（Mrs. Oofry Blazing），她的法语说得非常好，连她的鼻子都羡慕她的牙齿，她对（那个演讲者）宣布：'这位是恶作剧大师（Get homme est um fumiste）。'自然，他给我们卖弄不出什么香气（perfumes），只有乌烟瘴气（fumes）。

"我们中间有一位美国第三性别的女士，无比细腻地触摸这个男人，并当着男人的面直截了当地问他：'先生，你在这里干什么？'的确是这样，他去那里干什么？我们想要柏拉图，除了柏拉图什么都不要。人们希望他每一句话都以 P 或者 pl 开头。可恰恰相反，那个男人从一个话题转到另一个话题。他一天谈论一般（general）和特殊；另一天，他谈论特殊和一般。但是，拜托，一个将军（general）有什么特别之处呢？① 难道海军上将不是更重要吗？我们压根就不操心军队。然后，最主要的是，将军和柏拉图有什么关系？讲座的内容不是军事问题，而是最无关紧要但又最重要的问题。但是，当然，既然你告诉我苏格拉底是柏拉图的老师，他是个助产士，这样我就可以很好地理解他的现代门徒们都是哲学上的早产。"

---

① [译按] general，既有"一般"的意思，也有"将军"的意思，而说话的女士错用了这两个意思。这里暗指说话者对哲学术语一窍不通。

* * * * *

［95］众神开怀大笑，萨福（Sappho）问柏拉图是不是很喜欢恩特里亚的说法。柏拉图笑着提醒萨福凡人们是怎么谈论她的，这让萨福红了脸，尽管那些说法一点也不真实。柏拉图补充说："没有一个普通公民，包括他的妻子，真想理解人或事物的真相。他们只想知道他们想象中的或者渴望的真相。这就是许多人在公众面前摆出一副公众要求的特定姿态的原因。他们这样做，并非纯粹出于愚昧，而是出于必然。一个国王，无论唱得多好，都不能在公众面前唱歌；这不符合他们公众心目中国王的形象。实际上，他唱得越好，对他伤害越大。像歌德所说那样，我给凡人们的印象总是一个神秘、狂热的人，一个被保佑的灵魂（a blessed spirit）。然而我的主要目标是阿波罗，不是狄俄尼索斯；是清晰，不是恍惚的朦胧。"

阿尔喀比亚德，他美丽的头颅为威尼斯增添了魅力，继续说道：

哦。柏拉图，没有什么能比您的话更真实。关于您的说法，我的女性朋友就是活生生的例子。对我来说，我阅人无数，她化过妆的小面具并没有妨碍我在不到一星期的时间里就看穿了她。她骨子里就像科林多一家大商行里最生硬枯燥的出纳员一样，干巴巴得像个腌熏鱼，冷冷的，非常刻板。没有什么能让她感兴趣；她只是在追求她想象中的当下流行的东西。她真正想要的是最早成为"最新潮的人"。当她［96］下午五点钟去书店，其他人都来了之后，她就向店员打听最新流行的小说。她频频这么干，规律到让人恼火，以至于有一天那个店员忍无可忍，对她说："女士，请先坐几分钟——流行趋势正在发生变化。"她丝毫没有觉得尴尬，而是急切地反问道："我说，那是最新的吗？"店员提出他要离职。

有一天我发现她心情糟糕。我强烈要求她解释为什么，她告诉我,就在那时,一场优雅的葬礼正在举行,她非常渴望参加。
"那为什么你不去呢?"我问。

"因为",她回答说,"那简直不可能。想象一下,一个好女人竟然死于心脏衰竭!"

"?——"

"你不明白吗?心脏衰竭?你能想象什么人死于心脏衰竭吗,而唯一正确的事情是死于阑尾炎?我及时给她的医生打电话,恳求他宣布她死于那种时髦的疾病。但医生是个粗人,他不肯那么做。现在我也因为与那女人之间的友谊被连累了。你们的圣人萨拉米(Salami)说得多么正确,① 他说,在一个人的所有朋友都死去之前,没有人能说他自己是幸福的!"

于是众神和英雄们祝贺梭伦(Solon)转行:曾经的圣人,现在成了一根香肠(sausage)。

我再次见到我的女性朋友时,阿尔喀比亚德继续说道,我发现她在哭。我询问她悲伤的原因,她说:

[97]"想象一下!你知道我的宠物狗。我从一个宫廷侍女那里买下了它。这条狗有着最精致的品位,它只有在上流社会才能感受到幸福。一个小时前,我的女仆突然离开了我的公寓,而我正等着一位地位非常高的女士来访,所以就稍微打扫了一下房间。当我的托托(Toto)看到那一幕,当它看到实际上我在做女仆的工作时,它哭得很伤心。它无法忍受我纤尊降贵去做不适合一位女士的工作。真是感人至深,难以言表。当我看到托托眼中上流社会的文雅神色,我也开始哭。于是我们都哭了。"

---

① [译按] Salami,应该是 Solon 的误用,这里引用的是梭伦的话。而 Salami 的意思是"意大利蒜味腊肠",接下来诸神会用这个说法调侃梭伦。

* * * * *

阿尔喀比亚德继续说：

在经历了刚刚讲述过的那几个场景后，我禁不住想，我们雅典人也许比现代人更有智慧，因为我们不允许我们的女人出现在社交场合。的确，雅典人不是很有趣，身体上没有那么发达。另外，他们从来不会用那些凡人所谓的社交名媛来烦我们。我不禁想起我在克里提阿（Critias）的家中度过的那些美妙夜晚，在那里，我们一位最聪明的女伴，或者说是被解放的女性，模仿了埃及忒拜城上流社会女人们的虚情假意、虚伪和空虚浮夸。我们笑得前仰后合，视线模糊。莱昂提欧（Leontion），① 那个美人，表现的就是我在伦敦的那位女士身上观察到的。同样的枯燥乏味的灵魂；[98] 同样的让人恼火的智识肤浅；同样的缺乏真正的文雅，我在几个世纪后的罗马恺撒时代的社交中也有同样发现。

伦敦使人枯槁，而雅典或者巴黎则令人生动。我结束了与恩特里亚的关系后，遇到了一个女人，大概有三十四岁，她的头如此完美，就连欧埃内图斯（Evaenetus）本人也从未雕刻出比她更美丽的头像。② 她的秀发不仅是最可爱的金色，而且满是波浪，从多利安音阶柔板音乐（Doric adagio）的大波浪，到诱人的科林多拨奏曲（Corinthian pizzicato）式的小卷发都有。

---

① ［译按］莱昂提欧，占希腊伊壁鸠鲁派哲学家，兰普萨克斯的梅特罗多鲁斯的伴侣。

② ［译按］原文可能是把 Euenetus 误写作 Evaenetus。欧埃内图斯是古希腊时期西西里岛的硬币制造者。在古希腊，硬币制造不仅是一种技术，也是一门艺术，硬币的设计与制造通常包含了统治者的肖像、神话故事、宗教象征或者城市的标志等元素。

她的脸庞就像玛瑙的浮雕,既美丽又冷峻。她的美丽之处在于她面庞的上半部分;她的冷峻笼罩在嘴和下巴周围。这种与通常情形截然不同的奇特反转使她颇具个人特点。她明蓝色的眼睛,大大的,冷冰冰的,但却富有同情心,看起来很聪明;她的耳朵像是琉科忒亚从酒一样颜色的海洋中送给母亲的最精美的贝壳,① 贝壳里有最迷人的珍珠,海仙女将它们放进这个幸运儿的口中作为牙齿。她个子不高,但是身材匀称,看上去很瘦。她写了一些光鲜的文章,在文中她总是将一个重大的真理包裹在糖纸中。

她身上有着成为最迷人女性的最丰富的特质;是穆萨里昂和阿斯帕西娅的合体;或者用现代风格表述,是一种皮斯皮纳斯小姐和雷卡米耶夫人风格的交融。② 她两者都不是。这倒不是说她做了荒唐的努力,想成为巴黎人所说的雷卡米耶夫人。但是伦敦让她变得枯燥。由于她天生枯燥,到伦敦之后就变得更加枯燥。[99] 枯燥乏味如她,只喜欢神秘的东西;只喜欢

---

① [译按] 琉科忒亚(Leucothea),希腊神话中能给人带来好运的海中女神。

② [译按] 穆萨里昂(Musarion),德国作家维兰德在1768年出版的作品《穆萨里昂或优雅的哲学》(*Musarion oder Die Philosophie der Grazien*)中的人物,在作品中穆萨里昂是个代表优雅的虚构角色;阿斯帕西娅(Aspasia,公元前470—前400),雅典政治家伯里克利的伴侣,在戏剧和文学中,她的形象兼有智慧和美丽,但也极富争议,会被描写成妓女与情妇;皮斯皮纳斯小姐(Mademoiselle l'Espinasse),18世纪一位法国沙龙女主人,以智慧、机智和优雅著称,她的沙龙是当时巴黎知识分子和艺术家交流的重要场所;雷卡米耶夫人(Madame Recamier, 1777—1849),一位极具魅力和智慧的法国女性,以其优雅的谈吐、举止而闻名。她的沙龙吸引了19世纪法国巴黎大多数文学界和政界的人物,因美貌和智慧,故有很多追求者,其中包括拿破仑的弟弟和普鲁士王子等,她与这些人物的关系成为公众讨论的话题,晚年与浪漫主义作家夏多布里昂相恋。

事物背后的东西，只喜欢梦想和知识的边界。就像沙子永远喝不够雨水一样，枯干的灵魂也想用神秘的酒水来让自己陶醉。在普通的枯燥之人那里，上面来的雨水变成了泥巴；在精致的枯燥灵魂那里，雨水被雾化成知识的水雾。她的整个灵魂都渴望那种水雾。

我告诉她我是克里尼阿斯（Clinias）的儿子之后，她首先想知道厄琉西斯的秘仪上都发生了什么。① 我告诉她，像所有希腊人一样，我发过誓，永远不会透露我在神圣仪式上看到的东西。这一点她无法理解。在她的宗教中，牧师们太急于接纳任何关心宗教的人。

"让我加入——哦，接纳我，求你了"，她说，看起来比以前更加楚楚动人。她的手臂在战栗，声音在颤抖。即使我不恪守我的誓言，我也不应该告诉她厄琉西斯的教诲。对于她渴望神秘的灵魂而言，这些教诲太过简单。于是我告诉她关于俄耳甫斯秘仪的事，那些放纵的、震撼人心的仪式和信条，她听得越多，就越是感兴趣。她通常总是很严肃的嘴巴，做出了年轻人羞怯嘟嘴的样子，她的声音变得像大提琴一样醇厚。

"让我们把俄耳甫斯教引入这个国家吧"，她喊道，"你愿意做荣誉司库吗？"

"我愿意。"

阿尔喀比亚德说：

不出三天，俄耳甫斯教就被称为俄耳甫斯科学。该教的成员

---

① 〔译按〕厄琉西斯（Eleusia），古希腊的一个小城，名字来源于希腊神话中的英雄厄琉西斯。小城最重要的活动是一年一度的秘仪，在整个希腊世界都非常有名。厄琉西斯秘仪的崇拜和仪式处于严格的保密之中，全体信徒都参加的入会仪式是信众与神直接沟通的重要渠道，以获得神力的护佑及来世的回报。参加秘仪的人被禁止透露任何涉及仪式的细节。

按照他们的等级,被称作女祭司、执政官和信众。一个月之内,[100] 就有了 843 名成员。杨布利科被挑选任命为秘书。① 他们定制了服装,印行了小册子,承诺了疗愈,提供了股票。还宣称,"在你等待时,你会入迷,并且有神秘的颤抖;可以解梦,解释那些不可解的事情;每周五下午五点,茶点过后,好戏就开始了"。最后俄耳甫斯教在塞西尔酒店(Hotel Cecil)举行了他们第一次晚宴。

这真是最糟糕的事情。那之后我就放弃了俄耳甫斯教。

---

① [译按] 杨布利科(Jamblichus,约 245—325),新柏拉图主义的重要代表人物,致力于把新柏拉图主义创始人普罗提诺的哲学和各种宗教的礼拜形式、神话、神祇合起来,发展成一种神学体系。

第四夜　阿尔喀比亚德（续）

［101］这时，赫斯提亚打断了阿尔喀比亚德的话，① 问道，在雾蒙蒙的（nebulous）不列颠，是不是所有的女人都像他描述的那般怪诞荒唐。

阿尔喀比亚德笑着说道：

不是所有女人都这样，但所有女人时不时会这样。女人们必须让自己适应她们的男人们，就像店员要适应主顾，或者士兵适应他们的将军和长官。英格兰男人们以大量人性资本为代价换取自由；这不能不使得他荒唐古怪。英格兰女人们要让她们自己与男人合拍，尽管没有哪个外国人比英格兰女性对英国男人的生硬（angularity）有更清晰、更贬损的看法。通常，作为女人，她们根本不关心自由，因此认为男人们为自由做出的牺牲是多余且不必要的。女性希望在所有事物中有人性的特质，而这正是普通英国男人所深恶痛绝的。因此，大陆的男人们对英国女人有着惊人的吸引力。从雅典、锡库翁（Sicyon）、叙拉古挑选出的一百个希腊男人，就能够让半数的英格兰女人为了爱神库特瑞亚而乖乖就范。② 这又有什么奇怪呢？对于一个英格兰女性而言，一个

---

① ［译按］赫斯提亚（Hestia），希腊神话中司炉灶与家庭的女神。

② ［译按］库特瑞亚（Cytherea），希腊神话中司爱和美的女神，宙斯的女儿，是阿芙洛狄忒的别称，罗马神话中对应神为维纳斯。

希腊人生动、热情、直接的谈话多么新奇，以至于她仿佛被这谈话催眠。[102] 她认为是她和她的个性赋予了她的大陆仰慕者一种表达热情，她在自己圈子里的男人那里从未经历过这种热情。对于她而言，仅仅这一点就让她大为受用，以至于失去理智。

如果有人执意要擦去英格兰女人举手投足间人为的粉笔痕迹，那他经常得到的回报是，擦到最后会发现粉笔后面女人的乐趣。在上流社会的女人中，尤其如此。在英格兰，我唯一一次感到那种凡人称之为爱情的带着痛苦的幸福，是在我的一位女性朋友身上，她在伦敦黏土下，① 隐藏了一个富有激情和爱的女人。

我的这位女性朋友个头高挑，身材姣好。她手若柔荑，完美无瑕，接着是柔美可爱的手臂，附在庄严的肩膀上，像是一条小溪沿着优雅弯道注入一片湖泊。她的脖颈像是尖塔在肩膀上守望。如果说她的身体是流畅如歌的连奏（legato cantabile），形成鲜明对照的是，她的思维是断奏（staccato）。她的言辞像鸟儿在啄食什么东西。有时候，她的话也会像鸟儿中夹杂着一两只丑陋的秃鹫，但是，出现更多的是蜂鸟和喜鹊。

认识她几个月后，我才猜测伦敦黏土后面藏着些什么。但是当那一刻到来，钟声开始在她的尖塔上哭泣时，我才知道，那里有一颗心，焕发着真正热情和神圣希望曙光的心。就像所有真正恋爱过的女人一样，她不相信我说的话是真诚的。怀疑对于女人而言，就像危险之于男人：这会强化爱的喜悦。她从没有真正温柔过。哎，她［103］对我的温柔感到惊讶并感动到流泪。她的心未被教化过；在爱情游戏中显得笨拙。

---

① ［译按］伦敦黏土构造，远古时期的海洋地质构造，产生于英格兰东南部。伦敦黏土以其包含的化石而闻名。

第四夜 阿尔喀比亚德（续） | 93

* * * * *

阿尔喀比亚德继续说：

在身穿女性衣服的人群中，我也遇到许多人，如果不是我在斯巴达待过很长时间，我几乎分辨不出她们是女人。我的一位法国朋友这样评价她们："她们不是女人，她们是美利坚人。"这类生物在伦敦分外醒目。她们让我想起斯巴达女人。她们英俊，如果英俊比美丽更引人注目的话。

我注意到，相比于欧洲女性，美国女性随着年岁的增长，在夜晚的衣着上少了什么。这些女人未着装时更显苍老。她们有一口漂亮的牙齿，但手很糟糕；她们跳得很好，但走起来很糟糕。她们最大的特点在于声音，刺耳，鼻音重，有假声，让人沮丧。她们中最美丽的那个也会被声音毁于一旦，就像在最完美的嘴巴里，在最迷人的脸上，突然跳出一只丑陋的老鼠。英格兰人说，那种声音是因为美国的气候。（这一点我根本不相信；因为我注意到，在英格兰，所有的事情都归因于气候，就像人们谈论最多的事情是天气，在英格兰，气候和天气是最受欢迎的话题，永远不会过时。）事实上，她们的声音是因为美国人情感的匮乏；[104] 就像在乐器中，更具情感的乐器拥有更多的胸腔共鸣，比如大提琴，而横笛，由于没有任何深刻的情感表达，声音又高又细。

美国女性让我想起斯巴达人和亚马孙人，对我而言，没有什么比这更有趣了。还有什么比我两次谈话的巧合更惊人？一次是两千多年前在色雷斯和亚马孙部落的女王交谈，另一次是和在伦敦定居的美国面粉商的妻子。我第一次到塔米里斯（Thamyris）的帐篷里拜访时，她的第一个问题有关索福克勒斯的最新戏剧。我立刻领会到，女王是想以她高超的文学才能给她的随从留下深刻印象。我提供给她一些有关索福克勒斯的消息，随后她转向她的单乳女战士，① 带着高高在上的微笑说：

"你一定知道，索福克勒斯是雅典谐剧的新星。"

哦，她搞混了索福克勒斯和阿里斯托芬。和美国面粉商的妻子谈话的经历如下：面粉商在一家酒吧里认识了我，邀请我到他家里去。路上，他对我说：

"我的太太是个语言天才。她讲法语像法国土著。一定要和她讲法语。"

我们到他家，走进客厅时，一位颇为帅气（handsome）的女人从扶手椅中站起来，走到我面前，说了点什么，听起来像是"先生，我喜欢你，我很喜欢你"；我表示感谢，同样也用了法语，[105] 突然，她向我鞠躬，用美国人长笛般的声音低声说：

"别再继续说了，我就知道这么多。"

当我离开时，丈夫陪我走到门口。在我告辞之前，他冲我挤了下右眼，带着会意的表情问我："先生，您认为我太太的语言水平怎么样？"

我不知道该怎么回答。最后，我说："她像一个真正的战士一样在边境作战。"

在伦敦社交圈中，最引人注目的怪象之一，是美国女人对英国男人的吸引力。一旦美国女人开始玩弄她随身携带的小细绳，显示出一种造作的聪明和刻意的活泼，一些真正聪明的英国男人几乎就无法自拔。在普通的英国男人看来，这些女人最明显的缺点似乎并不存在。他把她大声讲话的活泼视为她用通俗英语为他精心展示的法国范儿。她完全不加约束，不知矜持，他却把这当

---

① ［译按］希腊神话中，在赛西亚（Scythia）地区居住着一个亚马孙部落，由高大剽悍、作战勇猛的女战士组成。为了不妨碍射箭作战，她们从小割去右乳。

作一种迷人的放纵。事实是他怕她。她可能总是扭动腰肢,这样做当然是全无敬意。她不拘礼节的想法消解了英国男人的派头,他害怕自己显得滑稽可笑,因此,这吓住了他。

我在英格兰遇到的第一个美国女人,(哦西塞罗,你会说,请原谅我这么说——)她嫁给了英国贵族。这个女人身材高挑匀称,体格健壮,有着丰腴的手臂和臀部,她有极富表现力的脑袋,非常喜欢艺术,尤其是音乐。[106] 就连她小小的正方形的头也表明了这一点。当她知道我真的就是那个著名的阿尔喀比亚德,她兴奋得无以言表。她很好心地向我解释说:

"想想看!阿尔喀比亚德!(他们把我们的名字读成艾尔克比德斯。)我简直着了迷!为了让这个荒岛上的土著大吃一惊,迄今为止,我每年都要介绍一些引人注目的新人到客厅。我带进来的有时尚的独腿舞者;三条腿的小牛;专注的读心术者;魔术师,揭秘魔术的人;不动感情的人(disemotionists);古典、中世纪和超现代的(hyper-modern)舞者;在一系列有关大理石希腊女神像的小腿的演说之后,有几场关于莱斯博斯岛的法语讲座;① 不要忘了我在最亲爱的伯爵夫人的客厅里举办的独一无二的讲座系列,讲的是低胸露肩领(decolletage)的历史。

"今年,不瞒您说,艾尔克比德斯先生,② 我打算在一位东方情调的英国女士富丽堂皇的客厅里安排一次展览,对于任何一个阶层女人的神经而言,这个展览都堪称她们接触过的最独特,也是最大胆的一个。我不能确切地告诉你它会是什么。只能稍稍

---

① [译按] 莱斯博斯岛(Isle of Lesbos),位于爱琴海东北部,为希腊第三大岛屿。

② [译按] 原文为 Elkibidees,指的是阿尔喀比亚德,但是她的发音是错误的。下文还有一系列错误的发音。

暗示，它将是一个集合了所有最古老和最新近发明的展览，这些发明确保了每个家庭只有一个孩子，可以享受宁静。毫无疑问，这会是本季节最为轰动的事件。

"曼彻斯特市和利兹城会公开抗议如此'不道德'的展览。当然，他们的议员在［107］仔细研究所展示的物品之后也会照做。三位主教威胁要到海德公园公开布道；而五位领班神父（archdeacons）会自愿担任如此有趣的展览的荣誉秘书。

"我把这个想法和伯万神父（Father Bowan）沟通，他是个邪恶的耶稣会士，在这个季节的大多数星期天，他都会身着最恐怖的长袍发表演说，给我们带来最令人愉悦的悔罪的战栗，他还会暗示，还有很多迷人的堕落行为我们一无所知，这些堕落行为是在他纯洁的唇间了解到的。他很高兴。'去做吧，夫人，去吧。我正好缺少一些可怕的东西，你的展览会给我提供至少四个星期天的好素材。我希望你没有忘记使用蜡像来说明某些特定的方法，这些方法远比其他工具都更奏效，这种方法在我们神圣教团的作品中不胜枚举，得到了最彻底的说明，像苏亚雷斯（Suarez）、桑切斯（Sanchez）、艾斯克巴尔（Escobar），等等，还有其他人。如果你没有这些作品，我会寄给你一份有关他们主要事实的陈述摘要。'

"听到神父说这些，我几乎无法控制自己的热情，期待着我的展览一定会引起巨大轰动。这将是自黑斯廷战役以来，[1] 在英国吃得最好、穿得最好、最具启发性的一次轰动事件。我真的认为没有什么会比这更伟大。

"然而，艾尔克先生，[2] 当我想到你会是个如此富有吸引力

---

[1]　［译按］黑斯廷战役，英国历史上的一次重要战役，发生在1066年，诺曼底公爵威廉征服了英格兰国王哈罗德二世，成为英格兰的新国王。

[2]　［译按］指阿尔喀比亚德。

的人物时，如果处理得当、适度宣传、巧妙地分期、［108］不断地访谈，偶尔登上要闻——我一想到所有这些，我忍不住想，我将在你身上获取天底下任何国家都不曾有过的最大收获。事实上，我的计划已经准备好。

"我会宣布举办一个盛大的招待会，来'结识'你。一些女士会被要求身穿希腊的服装出场。伟大学府的公共演说家会用希腊语和你讲话，你也要以同样的语言回答。然后是伯爵和侯爵们的女儿中最漂亮的三个，跳美惠三女神之舞，之后上演霍尔·凯恩和萧伯纳的戏剧作品，① 他们两人轮流每人写几页，主题是三十年战争，其中你会尽显卓越。"

"我打断了她"，阿尔喀比亚德说，"告诉她三十年战争是我之后两千多年的事情；我经历的战争是伯罗奔半岛战争"。

她喊道：

"很好，就写伯罗奔半岛战争。我不在乎是哪一场战争。霍尔·凯恩会赞美有关战争的一切，以他最好的《每日钉报》风格。你知道，他是我们的指路明灯。他总想沉浸在伟大的思想中，但尴尬的是，他找不到伟大的思想，否则没准儿也能写出来呢。

"另外，萧伯纳会用最优美的凯尔特语贬损战争的所有荣耀。这是最大的乐子。

"那么，私下说说，你能不能带一个莱伊斯，一个芙丽涅，② 或者两个都带来。让她们身穿原来曾经诱惑你们过去时代所有下

---

① ［译按］霍尔·凯恩（Hall Caine, 1853—1931），英国作家，以流行小说闻名，他的作品道德主义和浪漫主义风格突出，一度非常受欢迎，巅峰时期，作品畅销大西洋两岸。

② ［译按］莱伊斯（Lais），希腊妓女。芙丽涅（Phryne），古希腊著名的交际花。

流的希腊人时穿的服饰？这将会是一种迷人的反抗。[109] 当我自己依稀想象到，那些社交中的雏鹰一想到在他们征服的名单上，红色的或白色的，增加了两千年前的一个科林多或雅典的交际花，他们会高兴得发抖，我觉得我是个人物。

"如果我能提供这样一个闻所未闻的集会，我应该在《曼彻斯特卫报》得到首席社论，得到温和的指责，在神圣的《卫报》中，满是神秘的热情，更不用说还有那些假道学阅读的高贵的论文。《纪事报》（Record）会寄给我一份由主流的高级评论家签名的证书。我应该成为白天和夜晚的女主角。"

众神和英雄们报以欢快的笑声，鼓励阿尔喀比亚德把发生在他美国女性朋友"家庭招待会"中的一切都告诉他们，他继续说道：

当希腊社交聚会的夜晚降临，芙丽涅和莱伊斯伴着我一起去了客厅，她们穿着最迷人的服饰，装扮得像是吹笛女孩。① 当我们走进那个大房间时，看到一大群男男女女，大多数穿着凡人们可笑的时尚服饰。这些女人看起来像是动物标本，有些像是巴西的蝴蝶，有些像是爬行动物，还有些像是蛇或者猛禽。不管身体的其余部位是经过了无数次战役和无数次投降，还是像刚刚长出的春天玫瑰色的花蕾，她们的上半身总是裸露着的。这些男人看起来像是我们闹剧里的小丑。他们穿着希腊奴隶都不会穿的衣服。清一色的黑色，同样的裁剪。他们不是看上去有什么进取心，倒是所有男人都像送葬的。[110] 他们每个人都紧张兮兮的，竭尽全力显得不会冒犯别人，尽谦恭之能事；就像送葬者走

---

① [译按] 吹笛女孩（flute-girls），在古希腊文化中，flute-girl 指代特定的社会角色，她们的身份是奴隶，在宴饮中演奏，这些场合常常伴随醉酒和放纵。她们常被认为是妓女，但其社会身份和形象远比妓女更为复杂。

进死了人的人家。

当我们进入房间时，全场的人都站起来喊："开罗（Cairo）——开罗！"［事先告诉他们要高呼主持人（Chaire）——但是，白费工夫］。我能清楚地听到这样的话："好奇怪！"——"这不是很离奇吗？"——"这让我觉得很惊悚！"过了好一会儿，场面陷入深深的沉默，一位年长的绅士穿过房间中央，先是对我们，然后对众人鞠躬致意，他走上讲台，开始用一种奇怪的语言演说，我依稀记得之前在哪里听到过这种语言。

芙丽涅突然咯咯地笑起来，她的笑声如此不可抗拒，惹得我和莱伊斯也忍不住和她一起笑起来，尤其是她不停地笑着重复那个人的话，她告诉我们：

"这位老绅士假装在说古希腊语！"

阿尔喀比亚德说：

这真是荒唐透顶，难以形容。特别是那个粗俗的 i 音不断出现，我们从来没有想过哪个地方要用如此这般的发音。我们美丽的 ypsilon（y），他的发音像是英语的 u，这种感觉就仿佛用汤盘盛香槟。当他结结巴巴遇到一个 ou，他发出的是那种声音，牙医们要比雅典人更为熟悉。我们那深沉又有男子气的 ch（x），被他阉割为咬舌音 k。我记得小亚细亚的卡里安人（Carians）就像那样说话。我们高贵的、无与伦比的语言，如管乐一般，如画一般，如雕塑一般，当下却变得像他们正在挖掘的米诺斯宫殿一样：［111］在它被天气和虫子侵蚀的宏伟殿堂中，你只能看到可怜的工人们和一个指挥者。

我想象中，这个好心人的意思是，用他的演说来欢迎我回到这个世界，轮到我回答他的时候，我站起身，一边靠着芙丽涅，一边靠着莱伊斯，她俩站在我旁边，我如此这般回答，先是讲了一小会儿阿提卡方言，又用这个国家的语言说道：

"的确，我心怀非同寻常的满意，向您表示感谢，哦，智术师，还有在场的各位，你们在此盛情款待我。总的来说，我的运气不算差。的确，你们这些学者喜欢谴责我，谴责我的处事原则和我的私生活。也许他们会允许我说，过去我道德上的有悖常规是一种诱惑。第欧根尼曾经告诉过我们，我在叙拉古的一位最严厉的历史评论家，因为曾经被我的心血来潮的女仆引诱，他离开了自己的妻子、孩子和家；你们民族那些严厉谴责蒙特斯潘夫人的历史学家，① 只要夫人对他们微微一笑，他们就会无法自拔地陷入一阵突如其来的道德崩塌。

"你们男人们不顾及女人们对我的真实看法，写文章反对我，我相信，你们的女人们对事件会更加宽容。

（有分寸的掌声。）

"她们感受到雄心壮志并没有吞噬我灵魂的所有力量，在敬拜阿瑞斯（战神）的时候，我也从未忘记过对阿芙洛狄忒（维纳斯）的敬奉。我们希腊人敢于成为真正的人，因此如今我们变成了半神。[112] 你们，我的朋友们，甚至连做人的勇气都没有，这就是为什么你们仍然是凡人。

"我注意到，在北欧的国家中，男人们不关心女人，或者极小程度上关心女人。也许这就是罗马天主教（Roman Catholic）的圣母观念（Holy Virgin）没有对这些国家产生持久影响的原因。"

我（阿尔喀比亚德）继续说："我见过太多的脸孔、面具和伪装，对北欧人漠视女人魅力印象深刻。这不过是一种未公开言

---

① ［译按］蒙特斯潘夫人（Madame de Montespan），是法国国王路易十四最著名的情妇，与路易十四育有七个私生子女。她出生在法国历史悠久的贵族罗什舒阿尔家族中。由于她与路易十四的浪漫关系，其影响力在法国宫廷无处不在，有时候被称为"法国真正的王后"。

明的同性倾向，或者纯粹就是粗鲁。我们在政治中和社会上忽视那些没被解放的女性，即便是我们希腊人，也吃了很多苦头。罗马人在这方面做得要明智得多；而我们女主人的国家实际上已经变成了所谓的女性政权（gynacocracy）或女性统治的国家，那里的男人在社交方面就像当初我们希腊的女人：退居幕后。我听说，这是英国男人的特权。我表示理解。我年轻的时候，就了解这一点，并且对这种特权了解太多了。

"但是如果有人向我请教一些建议，我会告诉你们男人，要更加认真对待你们的女人们。我知道，与其说英国男人严肃，不如说他们庄重；然而，对于女人们，他们英国男人应该更认真地视她们为一切方面的伴侣，并且在有些事情上女人还优于男人们。当然，这是个非军事国家，这样的国家将永远是身穿星期天套装的粗人。

"你们的一位伟大作家，他处于学术圈子之外，总是被官方诽谤中伤，他完成了一篇关于女人影响力的华丽文章。［113］可怜的巴克尔（Buckle）——他把这个问题视为学校的论文作业。他得出的结论是，女性促进了演绎思维模式。然而，女人更具诱惑性（seductive），而不是演绎性（deductive），她们真正的影响是，吸引年轻人，温暖成年人，并且不惊扰老年人。

"现在我超越了时间的改变，只沉思她们的魅力。一个人还能期望什么能比你们的女人更具魅力呢？如果那些精心描画、颜色各异的眼睛学得富有表现力；如果那些姣好面颊上的肌肉懂得更优雅更迅速地运动；如果轮廓清晰的嘴巴能够更加灵动——那该多么有魅力啊，就像许多仙女一样，也许会从寂静湖水冷冷的湖面升起！

"事实上，她们的几个器官都是敌对的，或者彼此漠不关心。前额，并不是作为人这个柱体的千变万化的柱头，而是衬托她们的秀发，就像象牙衬托着黄金；肩膀，并不是给美惠三女神头部的基座,而是人的优雅之所在;手臂和双手,并不是通过它们的运动给要说要做的所有事情恰当的动作和节奏——所有这些都彼此互相憎恶。手臂不和脸交谈;它们之间就像这样一种交流:谈了几句关于天气的话之后,所有的交流都停止了。手臂的反感如此阴沉,以至于手臂通常藏在身后,仿佛妒忌脸庞或者不要它们的陪伴。正是这样,英格兰女人本来可能像忒拜或塔纳格拉的少女一样美丽迷人,①[114]但她们把自己弄成行走的女像柱,我们总是将女像柱的形象表现为做苦差事的样子,她们的胳膊放在背上,头上顶着重物。

"哦,英格兰的女人们啊,把你们的手臂从摇晃不稳的背上挪开,把它们放在你们优美的胸部和美丽的面庞前!让你们对力量的觉知点亮你们的容颜、你们的酒窝和步态。当你们从沉思的美惠女神(musing Graces)变成优雅的缪斯(graceful Muses)时,你们的男人们也会相较过去优秀很多。

"正如你们的语言清楚表明的,你们的影响力多么小啊。你们的语言难道不是欧洲唯一一种方言,彻底丢掉了其他语言因为使用 thou 和 thy 而产生的甜蜜的亲近感?这难道不是一个新世界,温柔之至的内心快乐弥漫在法国、德国或者意大利的女人中,她们第一次敢用'你'来称呼她们的爱人?你们英国的女人,你们所有温暖和亲密的天然的女祭司,经历了所有这些东西的败坏。

"对于你们男人,我们希腊人说:'模仿我们!'对于你们女人们,我们不这样说。我们会要求你们胜过我们,超越我们,只有女人像我们希腊男人那样,成为所有人性的典范,然后你们也才会上升至更高的地位,黄金时代才再次让世界充盈着光明和幸福。"

---

① [译按] 忒拜(Thebes),古希腊波奥提亚的主要城邦;塔纳格拉(Tanagra)希腊雅典北部波奥提亚的一个小城,距离忒拜不远,在古代以小雕像闻名。

第四夜　阿尔喀比亚德（续）

阿尔喀比亚德继续说，我的演说结束后，掌声响起。我在人群中应酬，在场的一位美国女士质问我：

"多么有趣的演说"，她说道，[115]"我尤其喜欢的是，你关于 thou 之类的说法。我最想知道，女像柱之间是否也用 thou 这类的词？"

我有点困惑，所以我能回答的只是："她们的酒窝会的。"这个回答似乎让这位美国夫人颇为满意。

另一位女士问我，我们有多少位缪斯（Muses），当她听说九个时，她大为震惊。"只有九个？为什么在伦敦每隔一条街都有不少马厩房（mews）。① 真是奇怪！"

第三位女士问我，说肩膀是基座是什么意思。她确信，她的肩膀上没有基座，她不允许任何人站在上面。她补充说，她知道我说过肩膀是美惠三女神（Charites）的底座，但是即便出于最好的本意，她也不能允许将慈善捐款（charity）放在她的肩膀上。② 我微笑着表示同意。

第四位女士，她的名字是幽谷（Valley），但实际上她是座山峰，玫瑰色的肉山，她问我，足痛风的（Podagra）少女是什么意思？她相信年轻的女子从来不会患这种恶性的病。我告诉她我指的是手痛病（Chiragra）。③ 这个回答让她非常满意。

---

①　[译按] 说话的这位女士混淆了 Muses 和 mews，她不知道缪斯，作者在此讽刺了她的无知。

②　[译按] 这位美国女士混淆了首字母大写的美惠三女神 Charites 和首字母小写的 charity，慈善。这位女士并没有理解阿尔喀比亚德的演说内容。

③　[译按] 第四位女士不知道阿尔喀比亚德在前面提到的是 maidens of Tanagra，塔纳格拉的少女，塔纳格拉是希腊的一个城邦，这位女士误以为是 maidens of Podagra，足痛风的少女，阿尔喀比亚德敷衍她说是 Chiragra，手痛病，作者在这里用了三个词尾发音一样的词，来表明这位美国女士的不明就里。

当时，芙丽涅和莱伊斯是那个晚上的女主角，女人们视之为名流而崇拜，男人则大献殷勤。女人们问了她们各种各样的问题，似乎热切地渴望得到指导。其中一位，是才华横溢的公爵夫人——（她有三位秘书为她提供有关一切的最新信息，第一位秘书准备的是 A 到 G 的所有流行语，第二位准备 H 到 N，第三位准备 O 到 Z）——她问［116］芙丽涅，是否允许她求证，希佩里德斯（Hyperides）对芙丽涅胸部的精致形态所做的评估有多精确。①（一位中产阶级妇女就此问下院议员戈克斯先生，希佩里德斯是什么意思。戈克斯先生告诉她，是鲁福斯（Rufus）的希腊文说法，是亚伯拉罕的儿子。）芙丽涅立刻自愿这么做，于是女人们消失在一个特别的房间中，很快从那里传来了惊叫声。芙丽涅纯真的美让女人们着了魔。轰动是巨大的，哦，是最大的。

《每日钉报》的代表先是出价 2000 英镑，然后是 3000 英镑，最后出价 5000 英镑，以获得拍摄芙丽涅的许可。

《坏时代》当即准备发行对开版的《雕刻家们的版画》，② 分期付款，或者最好一次付清。

《每日无线电讯报》在其专栏中发起了一场公众讨论："女性上部躯体解剖的下半部分能够裸露吗？"③

这种兴奋如此普遍，以至于吉格尔·思先生（Mr. Gigerl See）立刻召开了全国会议，要为莎士比亚立十座新雕像；布斯

---

① ［译按］这里和古希腊一个著名的案件有关，芙丽涅因为渎神之罪被告上法庭，她的律师希佩里德斯当众解开了她的衣服，让众人看见了芙丽涅美丽的身躯。

② ［译按］《坏时代》，*The Bad Times*，戏仿 *The Times*，《泰晤士报》。

③ ［译按］《每日无线电讯报》，*The Daily Marconigraph*，戏仿 *The Telegraph*，《每日电讯报》。

将军（General Booth）下令进行为期 105 个小时的严格禁食。

第二天，所有音乐厅的董事们都冲进了芙丽涅住的丽兹酒店，芙丽涅在那里有六个华丽的套间，这些人为芙丽涅五分钟的演出开出了难以置信的高价。经过和我商议，芙丽涅同意在皇宫剧院（Palace Theatre）演出，表演那个在全体雅典人面前跳入大海的不朽场面。她收益的一半会捐给一个基金，用于帮助可怜的临产妇女。无休无止的广告［117］充斥着伦敦的墙面、公园、报纸、公共汽车、铁路、商店的每一个可用空间。演出的票价比原有票价高出了十倍。

最后夜晚降临。剧院前两排座位几乎都是教士。接下来几排都是律师、议员和大学教授。包厢里，人们可以看到这个国家所有的贵族。轮到芙丽涅出场时，管弦乐队演奏了瓦格纳的"朝圣者的合唱"，行将结束时，大幕拉开，这一幕表现的是比雷埃夫斯（Piraeus），有不计其数的人群，都穿着希腊服饰。当人们的期望值达到顶峰时，芙丽涅出现了，只披着包裹她的绝世美丽的面纱，之后她沉入大海。在沉入水中之前，她向阿芙洛狄忒祈祷，然后被缓缓地卷入浪花。

每个来到剧院的观众都期望会有极度的震惊。令他们最吃惊的是，他们发现这一幕不仅没有什么可震惊的，反而让人充满敬畏。与所有蛮夷之人一样，凡人们认为裸体触目惊心。那个晚上让他们震惊的是，他们并没有感到震惊。他们一度觉得，他们的许多观念和观点肯定是大错特错了，这是他们唯一的震惊。芙丽涅战胜了伦敦人，就像她战胜雅典人一样。

我美国的女性朋友欣喜若狂。她的阿尔卡（Elki）及其雅典女人在伦敦上流社会引起了难以置信的轰动，① 这使得她在两个

---

① ［译按］阿尔卡，这里指阿尔喀比亚德。

星期内成为所有社交中心的中心。她从不计其数的人那里收到了不计其数的信件。［118］世界上最伟大的作家们，当时世界上最伟大的作家们，比如克拉·莫雷利（Miss Cora Morelli）小姐，给她写信说，她在襁褓中开始就对阿尔喀比亚德及其时代产生了浓厚的兴趣，现在，真正见到他之后，她随即就会出版一部小说，小说的题目富有吸引力，叫作"强大的阿尔卡（Elki）"，更不用说另外一部小说，充满令人战栗的喜悦，名字叫作"异教徒芙里（Phry, the Pagan）"。

霍尔·凯恩先生在一篇振聋发聩的文章中，怒斥了围绕芙丽涅的纷争，并且郑重地宣称，马恩岛人（Manxman）的魅力无与伦比。一天，凯恩先生来拜访我。他恳求我成为基督徒，并向我保证，达到这一目的最快途径就是去观看他同名小说的演出。我感谢了他的好意，但礼貌地回绝了。于是，凯恩先生一直在沉思，直到最后他提出一个令我吃惊的问题："阿尔喀比（Alcib）先生，① 您就是那个能解决我人生难题的人。您不觉得我长得像培根勋爵吗（Lord Bacon）？"

我回答说，我看不出他和那位机智的大法官有什么相似之处，但是我必须承认，他和莎士比亚存在惊人的相似之处。

凯恩先生露出带有优越感的微笑。他说，"我想，您不知道莎士比亚的作品实际上是培根勋爵写的"。

"很奇怪——非常奇怪"，我回答，"我们在奥林波斯的人认为，莎士比亚的作品是战胜无敌舰队后写成的，② 由伊丽莎白公司出版"。

---

① ［译按］阿尔喀比，这里是称呼阿尔喀比亚德。
② ［译按］The（Spanish）Armada，无敌舰队，1588年西班牙国王菲利普二世派出与英国作战的一支海上舰队，被英国舰队打败，后来在赫布里底群岛外海的暴风雨中几乎全军覆没。

"你们在奥林波斯真的这么认为吗？"［119］凯恩先生叫道："那就毫不奇怪我为什么没有被邀请到那个地方去了。无敌舰队和《哈姆雷特》或者《李尔王》有什么关系？你也可以说，我的小说是根据我们在科伦索（Colenso）和斯皮恩·科普（Spion Kop）的胜利写成。① 这荒唐得让人作呕。书就是书，不是弹片或炸弹。先生，我为你感到羞耻；红到发紫的愤慨在我鼓胀的脸上升腾，我那被思虑困扰的额头，在这种剥夺生命的语无伦次的羞辱中陷落。"

我劝凯恩先生喝毕雷矿泉水（Perrier）；他非常感谢我，并且向我保证，他总是这么做。显然，他将毕雷矿泉水和作为文学源泉的皮埃里亚（Pierian）混为一谈。② 据我所知，这个文学源泉以毕雷矿泉水之名为美联社（Associated Press）的无数文稿注了水。"

* * * * *

阿尔喀比亚德继续说：

几天后，为了向我表达敬意，我的那位美国女性朋友举办一场音乐会。凡人们把一场音乐会说成一系列器乐和声乐作品，完全为了娱乐，和诗歌、舞蹈或者宗教没有任何关系。这三四百年来，我已经让自己习惯了他们的音乐，他们的音乐是复调的，和

---

① ［译按］事实上，这两次战役都以英国的失败告终。科伦索战役，是布尔战争中的一次重要战役，发生在1899年12月。英国军队试图解除布尔人对莱迪史密斯的围困，战役中英军惨败；斯皮恩·科普战役，发生在1900年1月，同样是英军试图解除布尔人对莱迪史密斯的围困，战争的一方是南非共和国和奥兰治自由邦，另一方是英国军队，英军损失惨重，被迫撤退。

② ［译按］在希腊神话中，马其顿的皮埃里亚泉水是神圣的，象征缪斯的艺术和科学之源。

我们的截然不同，我们的音乐从来不是这样。掌管他们音乐的狄俄尼索斯曾经告诉我们，他将音乐引入现代世界，为了表明，即便是在男男女女不幸从我们希腊文化高地跌落的时代，他的超凡力量依然存在。[120] 我们的音乐本质上是日神的（Apollinic），而现代人的音乐是酒神的（Dionysiac），宙斯啊，您还记得吧，当三个现代人有幸在阿波罗面前表演时，他被感动了。甚至他还赞美了莫扎特、肖邦，以及韦伯的一些作品。你不必脸红，弗雷德里克，① 你可以演奏一曲优美形式和真挚情感相结合的作品，来帮我取悦和吸引这些神圣的朋友。

宙斯随即示意，克罗托纳的米洛，② 奥林匹亚所有胜利者中的胜利者，用强壮的脊背扛来一架钢琴，轻轻地把它放进一只神秘的船中。肖邦向众神鞠躬示意，尤其是向朱诺和戴安娜（Juno and Diana），然后坐在乐器前，演奏他的 E 小调协奏曲的第三乐章。在他周围，三位美惠女神摇摆着，而狄俄尼索斯则把一个常春藤花环戴在了肖邦神圣的头上。就连众神也被感动了。当弗雷德里克演奏完，他们报以热烈的掌声。

"哦，肖邦，我希望"，阿尔喀比亚德继续说道，"我多希望我在世的时候就认识你。伟大的音乐家特尔潘德和萨勒塔斯（Thaletas）为斯巴达所做的，③ 你本可以帮助我为雅典实现。这不可能如愿了。想到这里我仍然感到难过。比起索福克勒斯、阿

---

① ［译按］弗雷德里克，指的是肖邦（F. F. Chopin, 1810—1849）。肖邦的全名为弗里德里克·弗朗索瓦·肖邦, 19 世纪波兰作曲家、钢琴家。

② ［译按］克罗托纳的米洛（Milo of Crotona），公元前 6 世纪古希腊的摔跤手，曾在古希腊最重要的体育赛会上赢得了多次胜利。他的名字是力量的代名词。

③ ［译按］特尔潘德（Tepander），约生活在公元前 7 世纪中期。古希腊莱斯沃斯安提萨的诗人，音乐家；萨勒塔斯（Thaletas），公元前 7 世纪克里特的戈尔图恩人，诗人，音乐家。

里斯托芬和苏格拉底,你那无与伦比的音乐会更有助于维系雅典宇宙(Kosmos)的秩序"。

随后是短暂的沉默,大家都怯怯地看着宙斯那一动不动的脸庞。

阿尔喀比亚德继续说:

让我们放下这些悲伤的回忆,回到由我的美国女东道主举办的伦敦音乐会。

[121] 她聘请了最知名的艺术家。她请一位女士独唱,这位女士必须坐在电动轮椅上被抬进房间,在三位建筑师检查过地板的稳固性之前不允许站起来。她的音域从 deep p 到 high l。她同时唱男中音和女高音,她的音域之宽充分弥补了她音色上的欠缺。

她只唱瓦格纳(Wagner)的作品,而瓦格纳的音乐似乎只是为两吨重的女人而写。更小吨位的不必尝试。当她演唱时,三十多把小提琴演奏着五百名孩子哭泣的颤音,而四十个低音提琴每三分钟发出一阵 X 小调可怕的咕哝声。还有十五支笛子和二十一种不同的铜管乐器,其中一些乐器的颈部比最古老的长颈鹿的脖子还要长。显然这音乐愉悦感官、刺激神经。这首曲子里充满了和弦,有和谐的,也有不和谐的。其中一点点旋律,都被揉搓成长度惊人的绦虫,有着九头蛇一样的生命活力,不管弦乐多么频繁地拧下它的头,它仍然会不断冒出新的头。

在场的男人们都喜欢这位歌手;女人们则喜欢这种音乐。这给了他们各种各样的战栗,尽管他们一点也不理解,但仍觉得这是一种新的战栗。正如其中一位,聪明的(bright)布雷兹夫人(Mrs Blazing)说的:"卓越的艺术家瓦格纳先生!他把梳子在丝绸上摩擦发出的刺耳声音、生锈的钥匙在老锁头里发出的吱吱声,以及雪橇或者马达在雪地上滑行发出的尖厉刮擦声都转化成音乐。"

[122] 接下来的艺术家是一位比利时的小提琴手。比利时人通常被认为拉弦（pulling strings）别具天赋，① 尤其是拉小提琴的琴弦，宙斯啊，可能只有你才能告诉我们其中的原因。作为一个居于德国和法国之间的国家，比利时人被认为拥有许多德国人的音乐天赋和法国人的优雅。这让他们轻而易举地成为优秀的大提琴手。但是他们并不满足于大提琴，在这个方面他们已经超越了不止一个国家，他们还必须成为伟大的小提琴手。然而，小提琴压根儿不是乐器之王，但却是所有乐器中最具报复心和嫉妒心的。它就像罗蕾莱：② 吸引了成百上千的人，只是为了让他们的骨头撞碎在失败之岩石（rock of Failure）上。小提琴需要女人的细腻和男人的力量。需要春天的灵魂和夏天的心才能演奏好。

由此可见，一个比利时人天生会受限，达不到小提琴演奏的巅峰；就像一个中国人，由于过于专业化的头脑而永远无法驾驭与管弦乐团协奏的钢琴（orchestral piano）。一颗比利时的心在无精打采的行板上移动，小提琴则以一种非常激动的柔板或者快板移动。小提琴是不幸民族的乐器，比如之前的意大利人、波兰人和匈牙利人，他们给了我们帕格尼尼、维尼亚夫斯

---

① ［译按］拉弦，pulling strings，在英语中还有拉关系和幕后操纵局势的意思，常常指利用自己的影响力或人际关系来达到某个目的，或者在幕后控制一个人、一个组织，等等。作者这里可能包含某种讽刺。

② ［译按］罗蕾莱（Lorelei），原是欧洲莱茵河上一块能发出回声的悬岩的名字，位于德国波恩以南100多千米处的峡谷东侧。这里暗礁林立、漩涡四起，很多船夫在这里遇难，在民间传说中这块岩石被比喻成一个美貌的女妖。据说有一个少女因情人不忠，愤而投河，死后化为水妖，坐在这块岩石上，一面梳头，一面歌唱，用歌声引诱船夫触礁沉船。

基和约阿希姆。① 比利时人几乎总是在享受富饶和丰腴。正像布雷兹夫人会说:"他们演奏得过于油腻(Leur jeu bedonne)。"

哦,巴赫,比利时人演奏了你的 D 小调恰空舞曲(Chaconne in D minor)。

听到阿尔喀比亚德这番话,所有的思想家和诗人都从座位上起身,向约翰·塞巴斯蒂安鞠躬致敬,② [123] 他酷爱地理知识,站在斯特拉波和亚里士多德旁边。③ 连众神都拍手称赞,波吕许谟尼亚也允许巴赫亲吻她的手。④

阿尔喀比亚德继续说:

你还记得吗,约翰·塞巴斯蒂安,你独自一人在吕岑散步,⑤ 我在那儿遇到你,你和我谈起了你的恰空舞曲(Chaconne)。我专注地倾听,告诉你,你为我演奏小提琴曲目的那把小提琴是一家老客栈的老板借给你的,小提琴刚从蒂罗尔的

---

① [译按] 帕格尼尼(Paganini,1782—1840),意大利小提琴家、作曲家,早期浪漫派音乐家,是历史上最著名的小提琴家之一,属于欧洲晚期古典乐派;维尼亚夫斯基(Wieniawski,1835—1880),波兰小提琴家、作曲家,八岁破格进入巴黎音乐学院,十三岁举行公开音乐会,作有大量小提琴曲;约阿希姆(Joachim,1831—1907),匈牙利小提琴演奏家、作曲家、指挥家和音乐教育家。

② [译按] 约翰·塞巴斯蒂安,指的是约翰·塞巴斯蒂安·巴赫(Johann Sebastian Bach,1685—1750),出生于德国图林根州的埃森纳赫,巴洛克时期德国作曲家、键盘演奏家。

③ [译按] 斯特拉波(Strabo,公元前 64 或 63—公元 23),古罗马地理学家、历史学家。曾在亚历山大城图书馆任职。著有《历史学》(43 卷)和《地理学》(17 卷)。

④ [译按] 波吕许谟尼亚(Polyhymnia),希腊神话中九位缪斯之一,主司赞歌,希腊语意为"很多赞歌的"。

⑤ [译按] 吕岑(Lutzen),是德国萨克森—安哈尔州的一个小镇,位于莱比锡西南 18 公里处。

史坦纳（Steiner in Tyrol）运来，你演奏的曲子完美地呈现了我人生中第一次去多多那的神谕所（Oracle at Dodona）时的感受，那里的风呼啸着穿过高大的橡树，风声中狂暴的力量在欧洲其他地方是听不到的。我再次想象自己在圣林中充满敬畏的沉思；我听到宙斯的风吹过宙斯的树时暴风雨般的音乐；我再一次感受到神父们涤荡灵魂的合唱，合唱在欢呼中结束，最后我带着深深的遗憾离开，我不得不重新回到紧张的生活，结束了在神圣而神秘的隐居中度过的一天。当比利时的艺术家在演奏时，我徒劳地寻找多多那。我听到的是丝绸般顺滑的声调穿过卡尔顿酒店桌椅的丛林。神谕在哪里？祭司们的合唱在哪里？他们的欢呼在哪里？唯一我能找到的是自己的遗憾。但是公众被迷住了。赞美恰空舞曲是必需的，主要因为它由小提琴独奏。布雷兹夫人以她一贯的敏捷思维跟我解释这件事："我们赞赏恰空舞曲有什么好奇怪的？我们不是常说：萝卜青菜，各有所爱吗？"

[124] 下一位艺术家是钢琴家，他的名字听起来像是皮亚诺沃斯基（Pianowolsky）或者福特列夫斯基（Forterewsky）。当然，他是波兰人。英国人早就发现，沃斯基和列夫斯基总是伴随着钢琴家的名字，就像踏板伴随着钢琴一样。正是由于这个原因，李斯特这位19世纪的俄耳甫斯在英国从未取得过成功。① 他应该让自己叫弗兰泽维奇·李斯特布尔斯基（Franzescowitch Lisztobulszky），那样的话，毫无疑问他早就暴得大名啦。鲁宾斯坦在英国确实取得了巨大成功，② 但是很显然，大多数英国人只是把他的正式名字作为鲁宾·伊什纳耶维奇·施通哈默克鲁肖斯

---

① ［译按］李斯特（Liszt, 1811—1886），匈牙利作曲家，钢琴演奏家，浪漫主义音乐的主要代表人物之一。

② ［译按］鲁宾斯坦（Rubinstein, 1829—1894），俄国犹太裔音乐家，作曲家，钢琴家。

基（Ruben Ishnajewich Stonehammercrushowsky）的缩写。英国人的音乐品味非同寻常，这有点像他们吃水果的口味。比起自然生长的葡萄，他们更喜欢温室葡萄。同样的道理，关于钢琴曲，他们更喜欢门德尔梅尔（Mendelmeier），又名巴托尔迪（Bartholdy），① 而不是史蒂芬·海勒或者福尔克曼的曲子。② 他们更喜欢的那位作曲家的《无词歌》。他的钢琴曲只不过是凝固的社会地位，或者说冷冻的震惊（shockingitis）。

亚里士多塞诺斯打断了阿尔喀比亚德，③ 惊呼道："哦，克里尼阿斯的儿子，你不要忘记他为小提琴和管弦乐队所作的美妙作品。戴安娜和她的林泽仙女居住在法纳姆公地（Farnham Common）附近的神秘森林时，她经常指挥他的《仲夏夜之梦》，那是巴托尔迪在卡努特树下（trees of Canute）创作那首曲子的地方。"

阿尔喀比亚德说：

哦，所有和声的主宰，你说得非常正确，我只想谈谈他的钢琴曲。音乐会上的这位钢琴家有着优美的侧影和漂亮的头发。在

---

① ［译按］这里作者可能指的是门德尔松，因为门德尔松的名字是 Mendelssohn Bartholdy，和作者杜撰的这个人名只有细微差异。门德尔松被誉为"抒情风景画大师"，作品以精美、优雅、华丽著称。稍后提到的《无词歌》和《仲夏夜之梦》等曲目，也出自门德尔松。

② ［译按］史蒂芬·海勒（Stephen Heller, 1813—1888），匈牙利钢琴家和作曲家，同时也是一位钢琴教师。早年赴维也纳跟随车尔尼学习，后转拜哈姆为师。海勒的作品除了受到李斯特、比才、马奈等大师的赏识之外，晚年的创作更是影响到圣桑、夏布里耶、德彪西等作曲家。他的作品中以钢琴练习曲最为有名，他强调练习曲应有丰富的音乐性，而不是机械练习。福尔克曼（Friedrich Robert Volkmann, 1815—1883），德国浪漫主义时期作曲家。

③ ［译按］亚里士多塞诺斯（Aristoxenus），公元前4世纪希腊逍遥学派哲人，古典音乐理论的第一位权威人物。

一个时尚感觉异常敏锐的国家,这对他大有帮助。[125] 马车夫必须有宽阔的背;钢琴家必须有优美的侧影;小提琴家必须有修长的腿;大提琴手必须有漂亮的手,女歌手必须有隆起的胸(a vast promontory)。一旦被赋予了这些不可或缺的品质,他或者她的音乐实际上就无关紧要了。

这位钢琴家只要演奏强音和断奏,就弹得特别好;但是他没有对于钢琴家至关重要的连奏,也没有一个弱音,更不用说极弱音了。幸运的是,他的节奏感非常出色;否则他就不会胜过音乐学院的一等奖获得者了。

他演奏了李斯特的一两首改编曲。而这遭到了英国人指责;因为这些曲子看来似乎不够正统。为了取悦他们,就必须演奏贝多芬最后的几部奏鸣曲,最好是他"死后"创作的,也就是说,是贝多芬早已丧失了用奏鸣曲的形式来塑造思想的能力,活力衰退多年之后写下的曲子。改编作品与原作的关系,就像版画复制品之于油画或者雕像。大多数人会更喜欢一幅精美的《主显圣容》或者米洛的《圣母玛利亚》复制品,而不是原作;哦,宙斯,就像此刻我领悟到,您赐予我们像斯科帕斯、普拉克西特列斯、利奥纳多,或者多梅尼基诺这样的伟大艺术家,① 因为只要我们还生活在这尘世,我们就无法承受也理解不了他们神圣艺术的真容。莫扎特的《唐璜》中的一些想法,通过李斯特的改编,成为对那部无与伦比的歌剧最精彩、最具启发性的注解。

比这演奏更有趣的是我们从公众那里无意中听到的评论。男

---

① [译按] 斯科帕斯(Scopas,约公元前 395—前 350),古希腊著名的雕刻家、建筑师;普拉克西特列斯(Praxiteles),古希腊著名雕塑家,生平不详,主要创作年代为公元前 370—前 330 年;利奥纳多,这里指的是达·芬奇(Leonardo da Vinci, 1452—1519),意大利文艺复兴时期画家;多梅尼基诺(Domenichino, 1581—1641),意大利画家。

人们一心想着钢琴家赚到的大笔钱财，因为他在2000个美国城镇举办了1526场独奏音乐会。[126] 他们认为钢琴家账上的收入从1.5万英镑到10万英镑不等。在场的一位维也纳银行家冷冷地说，他希望自己能够在一架精致的厄拉德钢琴上弹奏出演奏家真实收入和想象收入之间的差别。① 女人们的评论截然不同，有一个人说：

"皇室成员给皮亚诺福特列夫斯基（Pianoforterewsky）先生画过像。"②

"真的吗？"她的邻座说，"多么有趣的面孔！我希望我能设法弄到那幅画的一张照片"。

"你知道吗？"第三个女人说，"皮纳福特列夫斯基（Pinaforewsky）先生每天练琴二十三个小时？我是从最权威的人那里得知的；他的调音师告诉过我。"

"哪个调音师？皮纳克夫斯基（Pinacothekowsky）有三位调音师：一个负责高音，一个负责中音，一个负责低音。"

"真有趣！但是如果其中一位调音师生病了。那他该怎么办？"

"嘿，这太简单了。这种情况下，他只弹奏三个音区中的两个音区就行啦。"

"简直太有趣啦！但是请你不要介意，亲爱的，据我了解，佩达列夫斯基（Pedalewsky）只有两个调音师，一个负责黑键，

---

① ［译按］厄拉德（Erard）钢琴，世界最著名的钢琴之一，也是肖邦生前喜爱的钢琴。

② ［译按］这个名字由上文出现的两个名词皮亚诺沃斯基（Pianowolsky）和福特列夫斯基（Forterewsky）合成，接下来五次出现，但名字的拼写每次都不同，存在细微差别。这场对话中的四个女人六次提到同一个人，但名字都有变化，作者讽刺了女人们的无知和八卦。

一个负责白键。"

"亲爱的，那是过去的事儿了，那时他偶尔只在黑键上演奏整场音乐会，弹的是肖邦的《练习曲》（*Etude*）在黑键上的231个变奏。但曲子让人如此忧伤，以至于一些恶毒的评论家说他的钢琴穿了黑色丧服；[127] 另外一些评论人士表示，钢琴家因为受雇于摄政街的杰伊先生才这么做的。"①

"多有趣啊！知道吗，亲爱的，有人告诉我，博罗诺夫斯基（Polonorusky）先生几乎每时每刻都在弹琴，甚至在他旅行的时候，也随身带着一架不出声的钢琴，他可以不停地在上面练习。"

"感人啊！我也听说了，曾经也相信过，直到有个狠毒的家伙写信给《坏时代报》粉碎了我所有的幻想。他说，如果潘泰热夫斯基先生（Herr Pantyrewsky）那样做了，他就会永远毁掉自己的触觉。想想看！有趣的不是触觉，而是那慵懒的姿势，在一辆咯吱作响的车里，肖邦式的侧影，在一架无声的钢琴上，这太有趣了。那个可怕的记者毁了这一切。不但如此，他还补充到，整个故事都是那位艺术家的经纪人故意编造出来的。"

"多么的有趣又令人苦恼！你知道，亲爱的，我不会相信那个经纪人的故事。对这位了不起的钢琴家我简直了解得太多了。我知道他在马里昂巴德（Marienbad）同时有十位老师，每一位负责他的一个手指，他在巴伐利亚（Bavaria）的一个小村庄里一住就是五年，难道你不明白，因为那个村庄正是他的十位老师居住的十个不同城市的中心。为了拇指，他匆匆赶往曼恩河上的法兰克福。法兰克福是研究拇指的最佳城市。这就是为什么他们能做出如此棒的香肠，像拇指一样完美。为了食指，他要去罗

---

① [译按] 摄政街，是英国伦敦西区一条著名的购物街，以圣诞灯饰著称。

第四夜　阿尔喀比亚德（续）　　117

马。以此类推，真是不可思议。"

阿尔喀比亚德继续说：

她们聊天的那段时间，钢琴家正在弹奏贝多芬的月光奏鸣曲。曲终时，[128]这些谈兴正浓的女士报以热烈的掌声。"难道不是美妙绝伦吗？"一位女士对另外一位说。"哦，简直赏心悦目！"另一个回答道。

音乐会就这样结束了。我一离开座位就遇到了布雷兹太太。

"哦，亲爱的"，她说，"为什么这些女人都假装喜欢音乐呢？她们心知肚明，她们中没有一个人丝毫关心音乐这件事。我坦率地承认，音乐对我来说就是曲调的无政府状态（anarchy of air），声音的法国大革命，听觉的破产。我们一生都被教导要压抑自己的情绪，并且认为以任何方式表达情绪都是不雅的。我们被告知，必须隐藏和压抑情绪——我们做得如此成功，一段时间以后，我们就像亨伯特夫人（Madame Humbert）著名的保险箱一样得体、精准。然后，与所有这些文雅教育极为矛盾的是，当某个荷兰中产或者条顿人以奏鸣曲的形式向我们呈现呻吟、哭喊、抽泣、叹息以及其他未被压抑的情绪时，就希望我们欣然接受，这太荒谬了，难以言表。

"如果那个中下阶层的荷兰人贝多芬（Beethoven）（或者像我的月神称呼他的："ete au vent"）想要把他的道德困扰和情感上的消化不良散发出来，就让他想尽办法去做吧，但要在单独一个房间中做。他为什么要打扰我们粉饰得光鲜亮丽的生活？如果我迷人的日本瓷娃娃，或者我的萨克森瓷做的漂亮女孩和牧羊人突然开始呼喊出他们的情绪，我应该毫不犹豫地把它们毁掉或者卖掉。我为什么要接受一个丑陋的、喝着啤酒的、无礼的条顿人的咆哮？我问你，为什么？

[129]"音乐是贫穷国家和贫穷阶层的艺术。除了少数犹太

人之外,没有一个伟大的音乐家来自富裕阶层;而犹太人在社会上处于贫困状态。我能理解音乐厅里的小调的吸引力。它们轻松的调子像是柔和的微风,拂动着人们;偶尔搔动这里或者那里的一两根神经。但是,我们究竟应该如何对待那些他们称之为交响乐的东西,像蛇颈龙一样的庞然怪物,其中有五六十种乐器有五十种不同的方式疯狂演奏?长笛试图绕着巴松管蜿蜒游走,以便向它注入致命的毒药;小提琴以马捷帕(Mazeppa)的方式肆无忌惮地狂奔,对抗着中提琴和大提琴,这时铜管乐器投出炽热的炸弹,残忍地落入双簧管和竖琴组成的精致花坛中。这简直是本世纪最大的恶作剧。你们在雅典容忍这种乌烟瘴气,一片混乱吗?"

"您说得对,我迷人又高贵的女士",阿尔喀比亚德说,"我们从来没有这样的音乐,我们也不会过于在意它。我们创造交响乐的方式是写作史诗,史诗中充斥着各种角色,有神也有人,充满了形形色色的赛会和事件。大陆国家彻底丧失了写作叙事诗的创造性,因此必须用声音来写史诗。就像你们的语言不允许你们写出像我们那种严格意义上的韵律诗,却并不损害诗的热情与魅力一样,你们要模仿阿基罗库斯、阿尔凯奥斯、萨福的严格韵律,① 唯一的方法就是用音乐的形式、赋格曲或其他对位音乐。在我看来,你们英格兰人在音乐史诗方面创作得并不多,因为,就像我们一样,你们正忙于创作完全不同类型的史诗:你们帝国的史诗。[130] 那些作过音乐史诗的民族,他们确实一度唯一能写的史诗就是音乐史诗,因为帝国的交响乐拒绝他们。"

"我明白了",布雷兹夫人说。"你的意思是说,我们的莫扎

---

① [译按] 阿基罗库斯(Archilochus,公元前680—前645),古希腊最早的抒情诗人;阿尔凯奥斯(Alcaeus,公元前611—前580),古希腊抒情诗人;萨福(Sappho),公元前6世纪的古希腊抒情女诗人。

特和贝多芬就是查塔姆勋爵、克莱夫、纳尔逊和惠灵顿？"①

（阿尔喀比亚德回答）"在某种程度上，是的。没有国家，如果有的话，也只有很少国家能同时擅长艺术和构建帝国，如果你们英格兰人能够牢牢掌握你们的帝国权力，控制欧洲的大部分地区，比如法国、德国或者西班牙，你们就不会有司各特·沃尔特（Walter Scott）或者拜伦（Byron），雪莱（Shelley）或者丁尼生（Tennyson）。因为努力征服和保有欧洲的土地会消耗你们所有的力量，这样一来，就不会有资源留给艺术和文学领域了。

"这就是为什么罗马人征服的不是有色人种，而是最强大的白人种族，但却永远写不出伟大的史诗或者伟大的戏剧。他们只写了一部史诗，一部至今规模无与伦比的戏剧：罗马帝国。我本来想为雅典做类似的事情，但我失败了。如今我懂得了原因。我真正的敌人不在政治对手的阵营中，而在酒神的剧院里，在哲学家的学园中。因此，亲爱的朋友们，不要羡慕德国人和他们伟大的音乐家。他们的确非常伟大，也许你们最伟大的头脑也无法超越，甚至可能都无法与他们相提并论。德国人很快也会停止创作值得一听的音乐，这或许是对你们的安慰。没有一个国家能够同时写出两种史诗"。

[131]"我很高兴听到你这么说"，布雷兹太太说。"这让我从一直以来自以为是爱国义务的负担中解脱出来。我的意思是，从此以后，我再也不去看自称英格兰音乐新流派的演出了。我打

---

① [译按] 查塔姆勋爵（Lord Chatham, 1708—1778），英国辉格党政治家，在任国务大臣期间，凭借七年战争声名大噪，后来出任大不列颠王国首相一职；克莱夫（Clive, 1725—1774），英国将军、政治家，1757 年在普拉西的胜利加强了英国对印度的控制；纳尔逊（Nelson, 1758—1805），英国海军上将，曾击败拿破仑的法国舰队；惠灵顿（Wellington, 1769—1851），英国著名军事家、统帅、政治家。

心眼儿里从没喜欢过它。在我看来，这种音乐就像一个英格兰女人，用她轻松的姿态、生动的谈吐、精致的媚态，试图模仿巴黎女人的优雅和活力。但这行不通。"

布雷兹太太继续说：

"运动并非我们英格兰女人擅长的；我们的世界是静止的。我们也许会制造麻烦（troublesome），但是我们绝不会自找麻烦（troubleante）。

"甚至英格兰学院派的音乐也是如此。现在我明白了为什么它一定会这样。这种音乐不在我们体内，因为另一种力量取代了它。像所有人一样，我们喜欢在我们最欠缺的方面夸耀，有一天，我目睹了一个异常痛苦的场面。在一位富有又颇有名望的人家里，我遇到了著名的作曲家某某汉加爵士（Sir Somebody Hangar）。① 有人问，谁是最伟大的音乐家？于是某某爵士抬头望着房间美丽的天花板，如梦似幻地喊道：'音乐是最近才出现的……'在场的一位绅士问某某爵士，他是否听过伟大的古诺对这个问题的回答？② 某某爵士不屑一顾地咕哝：'古诺？他的话根本就不值得一听。'我非常气愤，便直截了当地要这位绅士告诉我们古诺的回答。这位绅士带着好奇的微笑看着某某爵士，说道：'当被问及谁是他心目中最伟大的音乐家，古诺说："在我还是一个二十岁的男孩时，我说：是我。十年之后我说：我和莫扎特。[132] 又过了十年后，我说：是莫扎特和我。现在，我说：是莫扎特"。'"

阿尔喀比亚德说："这个回答有点儿阿提卡（Attic）的味

---

① ［译按］Sir Somebody Hangar，这应该是个虚构的人名，因为 Hangar 通常不用作人名，本义指飞机库或用来存放飞机等大型设备的建筑。

② ［译按］古诺（Gounod，1818—1893），法国作曲家，代表作是歌剧《浮士德》，在巴黎，他先后担任多个乐团和合唱团的管风琴师和指挥。

道。在我那个时代，戏剧作家既是音乐家又是剧作家，我在那个时代的音乐家手中饱受折磨，在奥林匹亚的闲暇中，我细究了现代音乐兴起的真正原因。"

阿尔喀比亚德继续讲述：

"我最尊贵的夫人，您刚才说过，音乐是贫穷阶层的技艺。这颇有几分道理，因为现代音乐几乎都掌握在中产阶级的人手中。既然如此，一切都取决于一个国家中产阶级的特征和性情。比如，在英格兰，中产阶级与法国或者德国音乐的发源地——德国南部都截然不同。英格兰的中产阶级冷漠、乏味，极度装腔作势，饱受狂热追求外在体面的折磨，是让人难以忍受的形式主义者，深信自己社会地位低下。在这样一个阶级中，根本不可能产生类似德国或者法国的音乐。这样一个阶级培养了出色的商人，以及帝国可靠的士官。但是这个阶级生长不出音乐，就像拨火棍中无法长出玫瑰一样。

"这个中产阶级是英国帝国主义的产物，帝国主义就这样阻止了，而只要它存在，就会永远阻止更高意义上的好音乐的出现，这也是我们希腊人在音乐上从未取得更大成就的原因。像英国人或美国人一样，我们从来没有真正意义上的中产阶级（bourgeoiste），或者说唯一可能培养伟大音乐的基础。然而，[133] 中产阶级只是一种历史现象，注定会消失，所有的音乐也会随之消失。理查·施特劳斯先生正在为它唱挽歌。"[1]

当阿尔喀比亚德结束了他关于英格兰女性和音乐的有趣故事，众神和英雄们热烈祝贺，宙斯命令，由莫扎特指挥，所有的林泽仙女和森林、海洋的女神共唱一曲巴赫的圣歌。他们歌唱，

---

[1] ［译按］理查·施特劳斯（Richard Strauss, 1864—1949），德国作曲家、指挥家，以歌剧创作闻名。他的音乐属于后期浪漫派和早期现代派。

整个威尼斯都充盈着神奇的歌声,就像厄科女神(nymph Echo)在比萨洗礼堂的歌声一样纯洁。① 威尼斯所有的宫殿和教堂似乎都带着惆怅的快乐在倾听,圣马可大教堂(St Mark)犹豫是否要报时,唯恐破坏歌声的魅力。当圣歌曲终,众神和英雄们升上天宇,消失在其中。

---

① [译按]比萨洗礼堂(Baptistry at Pisa),始建于12世纪,按照时间顺序是奇迹广场上建造的第二座建筑物,属于比萨大教堂的重要附属建筑,比萨洗礼堂和比萨斜塔一样,也略微倾斜。

第五夜　恺撒论下议院

[134] 第五个夜晚，众神和英雄们聚集在罗马城。他们集会的地方在罗马广场（the Forum），这座不朽的城市在他们周围沉睡，宙斯，让那座曾经为纪念他而建造的宏伟神殿重现，这座神殿曾经装点着罗马强大和辉煌的中心。神殿坐落在广场前方，弗拉米内斯祭司和最后的维斯塔贞女们襄助下的最后的大祭司长，① 环绕着神殿。在圣道上（via sacra），② 罗马人和希腊人来来往往，络绎不绝，西塞罗正兴致勃勃地和尤里乌斯·恺撒交谈，此时奥古斯都在用温和的讽刺指责塔西佗。克里尼乌斯·斯基皮奥·阿非利加努斯沉浸在与伯里克利的谈话中，马库斯·安

---

① ［译按］大祭司长（Pontifex Maximus），或称为最高祭司，古罗马四位大祭司之首。这是古罗马宗教中最为重要的职位。最初这个职位只能由罗马贵族担任，直到公元前254年才出现第一位平民出身的大祭司。在罗马共和国早期这是严格意义上的宗教职位，后来这一职位逐渐政治化；弗拉米内斯祭司（Flamines），古罗马时期专门负责特定神祇崇拜的祭司，总共15位，其职责包括执行宗教仪式、维护神殿等，他们在古罗马的宗教和社会结构中扮演了重要角色；维斯塔贞女（Vestal Virgins），或称护火贞女，是古罗马炉灶和家庭女神维斯塔的女祭司，其主要职责是维护位于罗马广场的维斯塔神庙中的圣火，并且负责执行多项仪式和庆典。

② ［译按］圣道，通常指古罗马城中一条具有宗教意义的重要道路。在古罗马时期，这条道路常常用于宗教游行或举行仪式。

提尼乌斯·拉贝奥在和柏拉图讨论法律。风从远处吹来了梵蒂冈的钟声,听到钟声,所有的交谈都停了下来;稍后,一个唱诗班在附近的教堂中唱起了赞美诗,大祭司长和弗拉米内斯祭司们默然顺从,掩着头,维斯塔贞女们仰头望着宙斯,仿佛在恳求庇佑。接着是一阵沉默。很快,月亮爬上了雄伟的帕拉蒂尼山(Palatine),美惠三女神表演了一段动人的舞蹈,最后宙斯请恺撒[135]给他们找点乐子,分享他第三次到英格兰旅行的经历,正如恺撒说的,除了他作为有死之人时踏上英格兰两次之外,最近的第三次是在那两次之后将近两千年。

恺撒站在古罗马元老院近旁,这样对神圣的集会说:

哦,朱庇特和其他所有众神以及英雄们,给你们讲述一个如此重要和有趣的话题,我无比高兴和荣幸。当我第三次到达英格兰[我从敦刻尔克(Dunkerque)出发,是为了避免冒犯那112位学者,他们每个人都颇为自得,证明了法国海岸线从布洛涅(Boulogne)到加来(Calais)之间有112个不同的地点,我作为有死之人时出发去英国的地方],接待我的只有几个海关官员,并没有蛮族部落,他们问我长袍中有没有雪茄。我否认后,他们搜身,没有找到任何东西就放我走了。两个小时之后我来到伦敦,我发现它丑到难以形容。卡诺瓦啊,① 我能理解为什么你一见到伦敦就哭喊起来。让我震惊的是它惊人的寂静,这与罗马或者巴黎的喧闹形成强烈对比。我跟一个偶然认识的人提及这一点,他绝望地盯着我,喊道:"寂静,先生?哦,伦敦的噪声让我们中半数的人发疯。喏,拿着这个(——他递给我一沓印刷好

---

① [译按] 卡诺瓦(Canova, 1757—1822),意大利雕塑家,新古典主义雕塑的代表人物,新古典主义强调建筑、美术、雕塑三者的融合。他曾经为教宗克雷芒十四世、十三世设计陵墓雕刻。他的作品细节雕琢得圆润光泽,但部分作品过于程式化。

的纸——）认真读一下然后加入我们。"翻阅这些印刷品时，我发现其中有一份"伦敦城市街道噪声消除协会"的计划书。

这让我陷入思考。[136] 非常清楚，伦敦没有吸引力的主要原因是缺乏活力，是它的寂静。我很快发现，沉默就是这个国家的主导制度。说话就是违背了他们语言的首要法则。他们想看到他们的语言悄无声息，而不是听到它。因为，他们经常在木头制成的纸上，以木头的风格在木头东西上读印刷的语言。他们叫这东西为"日报"。我遇到了他们最受欢迎报纸的主笔，他让我确信，编辑会郑重地警告每一位撰稿人，不要沉迷于任何形式的活力（esprit）或者辉煌；因为，如果他这样做了，编辑会不得不立刻辞退他。所有撰稿人被允许做的只是炮制惊人的标题，比如：

"美味木头布丁问世。"

"为人们提供牛奶的新水道竣工。"

"古埃及人发现无线电报。"

"发现克里奥佩特拉的针垫。"

"后备厢谋杀：男人杀死了他的遗孀。"

就是这位编辑，当我问他，为什么除了文章正文中最陈腐的废话，还要允许这愚蠢之至的标题出现，他给出了如下答案：

"我亲爱的先生，我们的公众有神经，却没有智力。因此，我们努力让他们的神经受到突然、快速的冲击，但不会辛苦他们的智力。他们不只是不思考，他们还不想思考。事实上他们深信，思考 [137] 毁掉常识。让我给你举个例子。在年轻作者当中，有一位思维敏捷，非常有启发性。他确实有一些东西要说，也能说得很好。然而，不幸的是，他说的时候用了看似矛盾、迂回的措辞。我的读者无法理解，这让他们感到疲惫。他们抱怨那个人写出的东西'沉重'，'难以理解'。这是音乐厅风尚的后果。可以说，这个国家的通俗大学是音乐厅，普通人的大部分思想是从那里获取的。那么，除了模仿音乐厅的风格和内容，我们编辑还能做什么呢？刺激神经，免除智力辛劳。瞧，就是这样！"

* * * * *

恺撒继续说：

在回家的路上，我遇到了哥伦布。他告诉我，没有人比他更有权利说，他是英格兰最伟大的恩主。是他发现了新大陆，让英格兰成为智慧并且富有的国家的中心，而以前的英格兰只是"世界上某个遥远的角落"；他说，没有他，英格兰永远不会拥有独一无二的优势。他又补充说，"你，恺撒发现了英格兰，就像维京人（Vikings）发现了美洲一样；我不是发现了它，而是造就了它。但是你会相信我吗，成千上万的英格兰人几乎从未听说过我的名字。他们［138］总是说他们的种族生来就要统治。但是没有我，他们统治什么？林肯郡的池塘。"

哥伦布说：

"你对他们的张口结舌（tongue-tiedness）感到惊讶。我来告诉你这是什么意思。英格兰人既不是表达者也不是思考者（neither talker nor thinker）；他们几乎完全就是行动者；或者曾经是行动者。他们不具备思想上的首创性（intellectual initiative）。他们没有开启文艺复兴，没有我那个时代的大发现（the Great Discoveries），也没有进行宗教改革，或者说没有现代欧洲形成的三大要素。这一切首先都是由我们意大利人开启的。我们既能表达也能思考，还能创造；但我们不擅长行动。英格兰人只长于行动。这是他们历史的全部（be-all）和终结（end-all）。

"你见过他们的议会吗？别忘记去参加。在那里你会学到一些其他集会无法教给你的东西。议会中很少有伟大的演说家，因为在一个党派纪律森严的集会中，演说的作用微乎其微，每个议员都有一种崇高的特权，那就是只接受产生于他自己头脑中的论点，既然他的头脑产生不出什么东西，他就只能在一个恶性循环中打转。"

我问哥伦布："你会陪我一起去下议院（House of Commons）吗？"

"非常乐意"，那个伟大的热那亚人（指哥伦布）说。第二天我们前往了"国家第一俱乐"部。

* * * * *

恺撒说：

奇怪的是，这个会堂并不适合国民大会。它不够大，也不够亮。[139] 音响效果尚可，但纯属多余。因为，除了说话人自己，谁还会在意其他成员说什么？会堂中间有个小门房，里面坐着一位身着18世纪服装的绅士。作为一个保守的罗马人，我对此当然不会有什么异议。我唯一不满的是，在我看来，他应该穿上自《大宪章》以来流行过的各式服装。① 英格兰人和凡人中的其他人，与我们截然不同，他们热衷于变换服装。我们则更乐于改变内在的自我。

讨论的主题，或者毋宁说，二十几段独白的主题，这是我在我的时代最丰富经验的话题。他们提议每个星期给年届70岁经济拮据的公民一笔钱。在我那个时代，我向民众分发了数百万金钱，而我的帝国继任者甚至有过之无不及。因此，普通民众变得道德败坏，每个人，甚至是父母亲，他们年复一年地接受来自第三方或者子女们的馈赠。一旦道德败坏，受捐赠者不可避免地就成为他们捐赠者最残忍的敌人。没有什么比这更能导致罗马的衰

---

① ［译按］《大宪章》（*Magna Charta*），又称作《自由大宪章》，英格兰国王约翰1215年订立的拉丁文政治性授权文档；在随后的版本中，大部分直接挑战英国王室权力的条目被删除，1225年首次成为法律。

败。一个国家必须由自由和经济独立的公民组成，否则这个国家就会失去最宝贵的财富。哦。伯里克利啊，你曾多少次对我说过，你多么悔恨把这种有害的捐赠引入雅典。但这就是所有历史令人悲哀的真相：人们从历史中只学到了一件事，即，没有一位政治家从历史中学到过任何东西。

[140] 我沉浸在悲伤的反思中，但还是忍不住被一个执政党成员的演说逗乐了，他属于那种令人望而生畏的追新逐奇者（faddists）、形式主义者、独断主义者和道德清教徒的杂拌儿，在这个国家，他们拥有我们当时并不情愿赋予罗马贵族最高贵成员的影响力。尽管人们经常嘲笑这些人，但他们仍具备让公民恐惧的力量，并使得政治家们脆弱的神经变得犹疑。如果我没记错的话，这位演说家的名字叫哈罗德·高克斯（Harold Gox）。他说：

"议长先生，我怀着一种连我自己也不曾有过的满足和自得，请求就一个再没有比这更伟大的主题（a subject）发表我的看法；先生，这个主题除了无限性（immensity）之外没有任何限定词，先生，它超越了无限（infinitude）本身。最后，且同样重要的，它是一种比所有其他无限都更广阔的无限：一种道德上的无限。先生，这个国家通过道德和正义（righteousness）建立起来。我说的是正义，先生；我要重复一遍，就是正义。我们的帝国是怎么来的？靠正义。我们的殖民者如何占领广阔陆地？通过正义。我们的国家债务的指导原则是什么？正义，因为我们主要通过与外国人签订合同，让他们来帮助我们击败不道德的敌人。正义是我们光荣政体的根本（the A and the Z）。①

"我们无法不正义；正义在我们内心，在我们的头顶、周遭、

---

① [译按] 这位议员的发言用词夸张，表述冗长，啰唆。大段的发言之后，并没有讲到正题。

脚下，贯穿我们始终。有时我们想做不义之事；但是，先生，我们不能。我们没有被赋予不义，我们只拥有被赋予的东西。

[141] "那么，先生，如果真是如此，那毫无疑问，毋庸置疑；我敢说，任何反对目前养老金法案（bill of Old Age Pensions）的人都只能是英国的敌人，因为他是正义的敌人。

"先生，让那些辛辛苦苦攒了几个金币的人和那些竭尽所能却一无所获的人分享金币，还有什么比这更公平、公正，更合理？

"哪里一无所有，哪里就有死亡。一个国家能将死亡作为其生命的常规组成部分吗？若如此，正义会怎么做？先生，正义会羞到脸红得发青。除了离开这个国家去德国或者土耳其，她别无选择。我们能允许这种灾难发生吗？难道不是必须用绳子、带子或者我们政党机制的其他什么工具将正义拖住或者拉回来吗？

"恳求你，先生，向你自己，或者向其他任何人陈述真实情况。这是一位七十岁的人。能活到这个年龄，是一种令人敬佩的、坚韧的高贵壮举。我大胆提出，这是一个显而易见的证据，证明了所有正义原则（The Principle of All RIGHTEOUSNESS）的青睐和支持，才能让这人走到这一步。

"他漫长生命的所有日子里，没在虔敬地沉思上帝（the Almighty）事功的时间，他都在劳作。谁能为此责怪他呢？

"更进一步说：谁能责怪他的注意力专注于液态而非固态的上帝造物呢？

[142] "每个人都有自己的祷告方式。

"现在，他这样度过了一向被认为是生命本质的漫长一生，或者像古罗马人习惯表述的那样，在按照'祈祷与劳作'的高贵教义行事之后，他发现自己受困于贫穷的荒野，或者说搁浅在那里。先生，事情的这种状态是难以为继、无法忍受，并且不正义。

"我非常了解,那些从不给正义丝毫机会的人,坚持重复着那个古老的谬论,认为劳动者应该存钱来未雨绸缪。但是,拜托,先生,这个原则起源于埃及——一个从不下雨的国家,难道这不是一清二楚吗?

"先生,在英国,一年有 362 天在下雨;因此十年中就有 3620 个下雨天,五十年中有 18100 个下雨天。我问你,这个不幸的劳动者,或者杂货商,或者作家,怎样才能存得起来 18100 天用的钱呢?这至少需要 25000 英镑的资金。谁有这些资金?没有人。只有国家拥有。因此,国家必须为下雨天买单。

"先生,在我的储物柜中,还有许多上述那样的批评武器,但出于低调,我不会全部拿出来用。我只讲一点,先生,我们的反对者主张,养老金所需的资金,除非从更为必要的公共福利资金中提取,否则将无法落实。现在,我想问,这些公共福利资金原本是做什么用的?我得到的回答是,国家需要更多的防御举措,以抵御来自大陆强国的可能入侵。

[143]"先生,听到这样的废话,就会让人痛苦地想到培根勋爵曾经说过的:'很难不写讽刺诗。'(爱尔兰议席传来一个声音:'这是尤文纳尔说的,不是培根勋爵。'①)好,波西瓦尔(Percival)勋爵,不是培根勋爵说的,其实都是一回事儿。

"入侵?先生,一次入侵?老天啊,我们的反对者们怎么能想象出这样的事儿?我知道,他们说罗伯茨勋爵宣布过,② 入侵英格兰是可行的。但是罗伯茨勋爵入侵过英格兰吗?他怎么会知道?谁又能知道?

---

① [译按]尤文纳尔(Juvenal,约 60—140),古罗马讽刺作家。
② [译按]罗伯茨勋爵(Lord Roberts,1606—1685),英国内战和英国复辟时期的政治家。

"他们跟我提起征服者威廉。① 但是,先生,如果威廉不是已经成为征服者,他就不可能征服,这不是显而易见吗?作为征服者,他注定这么做。如今的威廉家族中还有这样的威廉吗?我在最新的《名人录》(Who's Who)中查找了一遍,但没有一个人符合条件。(一个声音传来:'威廉·怀特利!')我听到了威廉·怀特利的名字,先生;我的回答是,他现在太'有限(Ltd.)',不能担此伟业。

"而有利于我的事实中,最重要的是,德国人做梦也没想过对这个国家有一丁点伤害。看看德国君主(Kaiser)和我们国王的关系:侄子和叔叔。谁听说过侄子会向叔叔宣战呢?考虑一下德国君主最近来访问英格兰时的表现吧。他不是给温莎(Windsor)留下了巨额小费吗?他不是抚摸了孩子们的脸颊吗?他不是称赞了我们的议院吗?还有谁这么做过?他整个白天都在讲英语,有时晚上也会讲。他每天早上都读《每日电讯报》(Daily Telegraph),[144]用浴缸洗澡。还有比这更强烈的迹象表明他亲英的灵魂吗?

"离开英格兰几个星期后,他对英格兰所有东西的偏爱都更进一步,以至于他甚至修剪了胡须。

"先生,他的胡须,这些德意志帝国的灯塔,条顿人(Teutonia)多毛(hirsute)赞美诗,她的锚、她的避雷针、她的救星!

"谈论这样一个人对英格兰的敌意,就是在指控多弗·克里夫(Dover Cliff)、高·克里夫(Highe Cliffe)、诺斯克里夫(North-

---

① [译按]征服者威廉(William the Conqueror,1028—1087),出生于法国诺曼底,是诺曼底公爵,他在1066年征服了英格兰,随后成为英格兰国王。

cliffe），或者随便哪个克里夫卑鄙的背叛行为。① 不，先生，没有必要为陆地防御增加新的开支；至于海上，我们只要听从海军上将的建议，去睡觉就行了。我们的主要力量在于我们在海上以及在陆地上睡觉的能力。一旦入睡，我们就没有任何花费。这样一来，就省下了足够的钱来支付养老金，这是光荣的贫困矫正器，是财富的呼吸机，是他人钱袋的蒸馏器。我毋庸多说一个字；这个话题本身就是在用一千种语言向每一个有理解力的人说话。"

恺撒继续讲述：

这个人讲完之后，我问其中一位官员，那个演说者是不是议院的小丑。那个官员利刃一般的眼神看向我。他用严肃的声音解释说，演说者是一位坚定的自由党人和科布莱特主义者（Cobraite）。我知道，后一个称号的发音有一点错误；应该是科布登主义者（Cobdenite）。科布登，② 我听说他是个伟大的人。他成功地通过了一项措施，这项措施在当时那种境况下并非完全一无是处，尽管它把人们从耕犁劳作赶进了工厂。

然而，科布登，就像我们的格拉古（Gracchi），他以为[145]对他那个时代有益的东西，必然对所有时代都有益。科布登完全不了解欧洲大陆，也就是说，不了解英国基本政策的真正监管者是权力（Power），一直是，将来也永远是这样，科布登认为自己已经掌握了一个绝对真理，而不仅仅是仓促的、临时的

---

① ［译按］这里用三个悬崖的名字来指代人，其中的"克里夫（Cliff）"是典型的英国人名，作者用幽默、讽刺的语言来表达，如果认为德国人会入侵英国就像指控英国人会背叛自己的国家。

② ［译按］科布登（Cobden Richard, 1804—1865），英国政治家。他被称为"自由贸易的使徒"，英国自由贸易政策的主要推动者，提出了科布登主义。这是一种经济理论，主要论述自由市场和自由贸易。虽然科布登主义没有被广泛应用，但却关注了国家自由贸易，并让人相信自由贸易将促进世界和平。

措施。与所有那些从未经历过社会和政治灾难都必然保守的国家一样，英国完全缺乏历史视野。科布登这个阶层的人，或者像我听过的那个演说家，与他们最著名的思想家赫伯特·斯宾塞（Herbert Spencer）一样，完全没有历史思维。他们从数量和物质的范畴来思考；从来没有从历史塑造的品质角度来思考。

哥伦布和我在一起，他说：

"你不必为你所见到的东西过于激动。每个国家对生活中的谜题和困境都有不同理解。法国人，过去曾经是堂堂男子汉（des hommes），唉，然而现在！他们像煎蛋卷（des omelettes）一般松散、脆弱，在鼎盛时期对所有触犯他们的事物都采取一副咄咄逼人的攻击态度。德国人有种理想化的气质（idealing temper），然而现在的心境却是被篡改过的理想（tampering ideal）。美国人充满开拓的狂热；英国人则一贯摆出一副观望的姿态。

"他们假装相信斯巴达国王阿基达慕斯经常说的：'一个人不能靠推理来厘清未来。'① 上述这种态度让英国人获得了最大收益。他们首先通过西班牙人、葡萄牙人、荷兰人，尤其是通过法国人，证明了印度可以被征服，然后英国人才采取行动，占领了印度。[146] 甚至埃及、加拿大、西印度群岛和南非也是如此被拿下。观望（expectativeness）是他们的座右铭。

"当我来到英格兰，竭力说服他们在发现美洲大陆的过程中帮助我，他们扮演了智慧的阿基达慕斯，连做一块帆的麻布都不给我。当我发现了美洲大陆之后，他们倒是拿走了不少，多到无法下咽。恺撒，用你的话说，这种观望的方法，倒是一度有些历史品质。但是我担心现在这种方法已经用滥了。

---

① ［译按］阿基达慕斯（Archidamus），斯巴达国王，公元前469—前426年在位，曾在伯罗奔半岛战争中战胜雅典，是伯罗奔半岛战争时期希腊最重要的政治人物之一。

"我知道（当我们按照贞德的意愿在兰斯大教堂集会时,①恺撒你,还有伯里克利、圣女贞德、拿破仑,还有很多其他人,没有告诉过我相同的事情吗?）,我知道这些凡人甚至做梦也想不到的是,他们如此迷恋理性和科学的力量,还有类似机械的力量,也就是说,我们预知未来事物的能力,至少对于我们中一些人来说,远远大于我们分析或理解现在或过去事物的能力。与其说我们整个存在（whole being）是过去的产物,不如说是未来的投射（projection）。因此,现在聚集在奥林波斯的所有人都有着惊人的自信,我们预先感觉到了我们后来实际上做了的事。就算美洲从未存在过,我也应该已经发现了它;就像我真的发现它的时候,我以为自己发现的是亚洲东部。"

我（恺撒）说:"我非常明白你是什么意思。英格兰人对于即将到来的事物没有预见力。他们没有注意到,在整个历史空间里他们的处境从上一代开始就已经完全改变,并且他们旧的观望方法主要依赖其他国家的错误,[147] 这种方法早已过时。他们现在所处的阶段,就是我们扎马战役之后,第二次布匿战争结束之后,②

---

① [译按] 兰斯大教堂,Rheims Cathedral,位于法国东北部,在法国的地位举足轻重。法国第一任国王曾在这里接受洗礼,一直到1789年法国大革命,几乎每一位法国国王都在这里举行加冕仪式。1429年,圣女贞德曾经护送查理七世到这里加冕。

② [译按] 扎马战役（Zama）,公元前202年,迦太基名将汉尼拔与罗马在迦太基西南的扎马展开的决战。迦太基最后被迫求和,放弃所有殖民地;第二次布匿战争（Second Punic War）,古罗马和迦太基之间三次布匿战争中最有名的一场战争,前后共作战17年（公元前218—前201）。迦太基主帅汉尼拔入侵罗马本土,并在前216年的坎尼会战大败罗马军团,但受限于装备不足,接下来十多年汉尼拔没有进攻罗马城,而是转战意大利南部,罗马当局改采不正面交锋的战术以消耗迦太基远征军力量。公元前204年罗马人在大西庇阿的率领下反攻迦太基本土,两年后大西庇阿于扎马战役击败汉尼拔,第二次布匿战争告终。

或者就像他们说的，是在公元前 3 世纪末。他们处于与法国的第二次百年战争即将结束的时候。但是，在打败迦太基人后，我们清晰地感觉到，我们必须攻克马其顿人，在艰巨的任务面前我们并没有畏缩，尽管付出数倍努力，我们还是战胜了他们；英格兰人的确不愿意做那些事情，那些对未来而言不同寻常的感觉以及对现在而言的常识清楚地告诉他们要去做的事情。

"法国和西班牙这些曾经的英国主要盟友犯了重大错误，我的意思是，这些大国在自己手头有四到十场其他战争的时候对英国开战，这种重大错误，当下的主导大国永远不会犯。

"德国在与英国交战时，不会再同时卷入任何大陆战争，这一点毋庸置疑。

"近代以来，英国第一次与一个有能力集中全部力量对付英国的一流大陆强国进行较量。这种全新的状况需要用全新的方法来应对。然而，普通的英国人对这一切一无所知。是什么毁了强大的马其顿？不是因为他们缺乏一支强有力的军队，就连我们最资深的将军们，像埃米利乌斯·泡鲁斯，① 在著名的马其顿方阵或步兵雷霆般的攻势之下，也瑟瑟发抖。当我们痛苦地经受着汉尼拔铁蹄的蹂躏时，马其顿人非但没有全身心联合迦太基人，[148] 还误判了整个局势，等啊，等啊，直到我们能够集中兵力对付他们，我们甚至在自己的队伍中收编了最好的希腊军队，马其顿的结局是场灾难。

"就听听正在进行的演讲吧。反对党领袖正在讲话。"

---

① ［译按］埃米利乌斯·泡鲁斯（Aemilius Paulus，公元前 229—前 160），曾两度担任罗马共和国的执政官，也是一名著名的将军，征服了马其顿，结束了安提柯王朝。

* * * * *

（恺撒转述反对党对党领袖的话）

"议长先生，这位来自阿拉姆镇（Alarmville）的议员的发言让我大为震惊，① 他刚刚用印度墨水描绘了国际视野（international horizon）。我无法想象他的色彩从何而来。他想装扮成政治上的丁托列托吗？"②

（掌声热烈——多数议员派人取来《帝国百科全书》，查明丁托列托究竟是什么意思。）

"众所周知，视野（horizon）只是一条想象的线，并且每个人都有自己的视野。因此，如果这位尊敬的议员的视野像煤精一样黑，我也没什么好反对的，只会致以我的哀悼。但是他为什么要将自己的视野强加于其他爱好和平的人类呢？我同样有自己的视野。"

［尊敬的议员："烦请用复数，请说这些视野（Horizons）。"］

"这些视野？不止一个视野吗？也许；可能需要不止一个视野才能降格俯就到尊敬的议员那里。"

（反对党成员："天啊，太聪明了！"）

"在我的视野中，没有云霞，没有水汽，［149］没有任何雷雨或风暴的迹象。可以想象出德国攻击我们的什么理由吗？我想

---

① ［译按］"阿拉姆"这个名字由 alarm 和 ville 两个词构成，字面意思是警报器城镇，是作者杜撰的一个地名。
② ［译按］丁托列托（Tintoretto，1518—1594），16 世纪意大利威尼斯画派著名画家，提香最杰出的学生与继承者。原名是雅各布·罗布斯蒂（Jacopo Robusti），他的父亲是名染匠，他是父亲的长子，因此得名"丁托列托"，意思是"小染匠"。

不出来，也看不到有什么理由。我知道，我的对手说，无论德国人有或没有理由攻击我们，这些人都会说，我们有太多的动机去攻击他们。这一观点，这种论证，如此缺乏论据和说服力，以至于我们不用浪费议会的时间反驳它。它自己就反驳了自己。

"我们为什么要攻击德国人？我们没有理由这么做。仅此而已。是我们需要他们的殖民地吗？哎，我们会永远感激他们，因为他们接管了殖民地，这样我们就得以摆脱一项无利可图的投资。我们想要德国的领土吗？我们既不要某些部分，也不要全部。我们不是割让赫里戈兰给他们了吗？① 先生，就像我说的，不可能找到任何一个支持我们进攻德国的理由。建议采取这种暴力举措的头脑，受到了对未来发展所产生的担忧的影响。这些有先见之明的灵魂，对他们而言，未来的秘密已经被当下的胆怯揭示出来。我们尊重那些灵魂，我尊重胆怯；但我拒绝将其归因于任何预言的智慧。未来是黑暗的，比现在要黑暗三重，这黑暗难以穿透。

"那就只剩下另一种可能：德国人真的想攻击我们。好，先生，让我们分析一下这种说法。这种攻击对德国究竟有什么好处呢？我听说他们觊觎丹麦与荷兰，德国目前就像一个被蒙住的脑袋，他要把丹麦与荷兰作为他们帝国天然的出口；既然英国不允许德国人［150］占领丹麦与荷兰，那德国人必须与英国作战。先生，这个论点，没有一点真实的成分。它缺乏地理的助力、历史的动力以及政治的合理性。丹麦，我们都知道，它位于易北河（Elbe River）与贝加尔湖（Lake of Baikal）之间的德国的东部。"

（议会中爆发出哄堂大笑。一个声音传来："贝加尔湖在西

---

① ［译按］赫里戈兰（Heligoland），德国北方海域的一个小型群岛，之前是丹麦和英国的属地。

伯利亚。")

"我听到了,先生,贝加尔湖在西伯利亚。好像我不知道似的!我说的贝加尔湖是波罗的海(Baltic)的科学术语表述,实际上是 Bi-Kalic,或者说快了就是贝加尔湖,Baikal。"

(反对党成员:"太聪明了——他摆脱了困境!")

"丹麦,就像我说的,在德国东部,根本就不会抑制住德国。这是一个极具艺术特性的国家,在卡加特湾(Bay of Catgut)可以找到最好的小提琴弦。"①

(一个声音传来:"发音是卡特加特!"②)

"先生,我听到了,发音是"卡特加特",但是我想每个爱国的英国人都会说卡加特(Catgut)。回到我的论点:德国人酷爱音乐,喜欢小提琴,因此也喜欢卡特加特,就像那个美妙的声音说,爱丹麦人。只要丹麦人交出他们好的羊肠线,德国人肯定不会想去伤害他们。"

(一个愤怒的声音:"但是丹麦在德国的北部!")

"先生,我听说丹麦已经离开了她古老的停泊地。如果是这样,那么我只能得出这样的结论,德国更没有理由觊觎丹麦。因为,还不清楚吗,[151]丹麦就是德国的睡帽?像德意志的米歇尔(条顿的米歇尔)这样的人是德国的典型特征。③哎,这个

---

① [译按]结合下文,这里的卡加特湾应该是另一个名字卡特加特(Kattegat)的误用。Catgut,直译是"羊肠线,弦线",通常用来制作弦乐器的弦。

② [译按]卡特加特海峡(Kattegat),位于瑞典和丹麦之间。

③ [译按]德意志人米歇尔,Deutscher Michel,这个名字用来指代德国人,类似于英国的约翰牛(John Bull),美国的山姆叔叔(Uncle Sam),最早与德意志早期的文学作品有关。通常被描绘成穿着睡衣、戴着睡帽的形象,到 19 世纪上半叶,这一头戴绒球尖顶睡帽形象在德意志民间被广为接受。

睡帽是丹麦。条顿人喜欢睡帽。"

（哄堂大笑。）

"所有的条顿人都这样。"

（再次大笑。）

"需要我再多说吗？"

"至于荷兰，我一定要说，我无法理解，怎么会有人真的以为德国觊觎荷兰。我听说，德国觊觎荷兰，是因为，让德国这样一个大国感到恼怒的是，她最大的河流莱茵河的整个三角洲属于她的敌对国家。有人问我，我，或者任何一个英国人，会如何看待泰晤士河的入海口被比利时人控制？先生，我当然不愿意看到。但情况完全不同。我们英国人没有一条像莱茵河这样的河流，它的上游盛产葡萄酒，它的下游只有肮脏的氢和氧的化合物，通常被叫作水。为了更好地说明这一点，如果，泰晤士河上游有最好的威士忌——"

（三分之二的成员一片哗然，他们全部都是禁酒主义者。）

"请原谅，或者说，是最好姜汁酒或者苹果酒，我们不应该太过在意下游属于谁。但是，先生，众所周知，泰晤士河里什么也没有，这是最爱国的事实。先生，水是这个国家的灵丹妙药！"

[152]（议院中三分之二的议员报以热烈的掌声。）

"是的，是灵丹妙药，是拯救、复活和复兴这个国家的灵丹妙药。"

（叫喊："正义！正义！"）

"我们得到多少都不够。我们喉咙里的水——在我们的文件、书籍以及演说中都有水；在我们的戏剧、小说、药品中都有水；水，水——三个为了水的王国。"

（整个议院回响着疯狂而热烈的掌声。）

"先生，现在我认为这一切看法都不适用于我们的朋友德国人。他们确实喝葡萄酒、啤酒和杜松子酒。他们离不了酒。他们的莱茵河在属于德国人的那一段河道中给他们提供了大量的葡萄酒。满是水的莱茵河下游属于谁、不属于谁,对他们而言有什么关系呢,又能有什么关系呢?"

("听!听!")

"德国人是务实的民族。我要说的不止这些,有谁能说,难道能有任何人会说德国人在拥有好酒之后,还会为了占有水而发动一场大战吗?先生,如果德国人占有的只是满是水的莱茵河入海口,而没有占有满是高贵葡萄酒的中游和上游,我还能理解发动战争这一点——"

(有几个人的声音:"安静!安静!请收回'高贵'的说法。")

"好吧,好吧,议院允许我说"高贵的"葡萄酒,鉴于葡萄酒不仅有四个或者十四个夸特,① 而是无数个,所以应该称之为高贵的。"

(反对党叫喊:"好!太聪明了!")

"回到我的论点:如果德国只拥有莱茵河的下游,他们会立即发动战争来取得中游和上游,我能理解德国人。[153] 我们从塔西佗(Tacitus)那里得知,他们是一个非常饥渴的民族,而这个真实的信息,正如很多现代作家的读者告诉我的,并不是当代德国人编织的谎言。但是在目前情况下,意在证明德国人敌意的关于莱茵河或者霍克河的论点,却落入了荷兰边界附近的水中,或无论在哪里的水中。

"先生,最后,还有另一个所谓关于德国和荷兰的争论。据称,由于荷兰在亚洲和南美的殖民地,德国人才会觊觎荷兰。众

---

① [译按] 夸特(Quarter),在英文中既有重量单位"夸特"的意思,也指25美分的硬币,这里作者巧妙地运用了一个词的同音异义,说明有大量的葡萄酒,同时又指价格昂贵,让发言的议员摆脱困境。

所周知，这些殖民地小到微不足道。"

（一个愤怒的声音："大概有 80 万平方英里。"）

"先生，我听说，荷兰的殖民地大概有 80 万平方英里。当然，我的信息来自塔西佗；毫无疑问，自他的时代以来，荷兰殖民地版图又有新的增加。但是即便这样，即便荷兰人真的拥有 80 万平方英里的殖民地，很明显，这些殖民地在规模上或许不算微不足道，但在价值上也微不足道；否则这些殖民地早就交由唐宁街（Downing Street）来统治了。"

（认同的笑声——一半的成员会心一笑，而另一半成员则拍了拍邻座的背。）

"你的意思是，要告诉我们，德国人为了我们都不屑一顾的东西发动一场大规模战争吗？我知道，德国人过去是利用下脚料做食物和饮品的行家里手。但可以肯定的是，在政治事务上，他们想要更多，不仅仅是下脚料。

[154]"冒着让各位成员厌烦的危险，我想就大惊小怪者们的另一个论据补充一两句。我们已经看到了关于丹麦人的论据；霍克河的论据，荷兰人的论据；还有一个：空中的论据。我听我的男仆说，一个名叫卓别林（Chaplin）还是斑马线（Zabraline）的人在空中飞行了一两次。"

（很多声音："齐柏林！"）①

"先生，我听说，他的名字叫作齐柏林；可能是马捷帕林（Mazeppaline）的缩写，拜伦勋爵（Lord Byron）曾为他唱过

---

① ［译按］齐柏林（Zeppelin），"齐柏林飞艇"的缔造者。1838 年出生于巴登大公国的一个贵族世家，17 岁进入路德维希堡军校，之后先后就职在步兵团和工兵部队，1863 年获得公派机会出访美国。他在美国接触到了载人气球部队。1890 年，齐柏林以中将军衔退役，之后投入机械发明。1895 年，他的"大型载人飞艇"获得专利。1900 年 7 月，飞艇首次试飞。

赞歌。"

（反对党成员："太聪明了！"）

"马捷帕（Mazeppa）的飞行自然让德国人感到不安，因为他们都能阅读英语。如果他们不能，他们还能读别的什么？我从未听说过德国文学。

"我们继续：德国人对马捷帕感到兴奋，他们在齐柏林先生身上看到了空中的马捷帕。正如法国人说的，这就对了。但是，先生，是不是很有可能，齐柏林先生会把他的气球或飞船完善到能够运送一两个军团到英国的水平？假设他做得到，那还有什么比阻止他的飞行降落到这个国家更简单的？我们只需要拒绝授予他大英帝国的专利，看！他就永远无法踏足英国的云层。

"但危言耸听的人们说，即便齐柏林的飞船不能运送整个军团，他们也能很好地为德国的侦察兵和间谍服务，能够侦测这个国家在陆地上所做的秘密准备和防御措施。

"好吧，先生，出于最简单的种种原因，这种表面上强有力的论据实际上没有丝毫的生命力。[155] 德国人可能派出最可靠的 10 号或者 20 号飞艇，载着他们最训练有素的侦察兵。这些侦察兵可能窥探英国任何形式的军事准备；但是他们永远不会发现任何东西。

"嘿，先生，这是因为我们没有做任何准备。我们这么做只是为了让任何可能的齐柏林飞艇都失效。"

（"听听！听听！真是太聪明了。"）

"有人批评说，我们已经失去了过去那种大胆的帝国主义精神。但是，先生，我们今天的军事精神比以往都更加强大，这不是很明显吗？弱小的国家，为了确保和平，不断为战争做准备；或者如拉丁谚语所说的：Si vis pacem para bellum［汝欲和平，请先备战］。另外，我们不为战争做准备，因为我们足够强大，以至于我们对和平与战争都同样泰然处之。总而言之：有关空中的论据并不比危言耸听者的其他论据更有力。如果一个现代征服者威廉，能够通过一场现代的哈泽廷战役（modern battle of Hazetings）征服领空（太聪明了！），进入这个国家的半空，他就会发现，是英雄们（Heroes）而不是哈罗德们（Harolds）在争夺每一平方英寸的马盖特城的风、林肯郡的雨或者伦敦的雾。先生，这个国家既不能通过陆地征服，也不能通过海洋或者天空征服。此三者上方，这个种族至高无上的不屈不挠的精神在盘旋和统领。"

（掌声雷动。）

* * * * *

[156] 反对党领袖的演说结束后，哥伦布转向了我，恺撒继续讲述：

哥伦布说："我毫不怀疑，恺撒，你相当反感这个演说。但是，请想一想，这个演说的每个字都是编造出来的，并不是为了严肃地讨论德国带来的危险，而是为了重新掌权。演讲者并不是看上去那般无知，也不是那般愚蠢。他努力表现出对地理一无所知的样子，因为执政党凭借在这方面的极度无知而赢得了巨大声望。你一定不要笑。我是故意这么说，极度（无知）。英国人恨透了地理、地图、地图册、地球仪。即使在有关外交事务的测试中，他们也不把地理当作一个科目。

"他们深信自己国家独有的重要性，所以他们对其他任何国家的地理问题都觉得厌烦。不久前发生了一件事，下议院没有一个成员知道英属圭亚那（British Guiana）是个岛还是个半岛。当然，两者都不是。对所有地理知识都一无所知被视为时尚风雅；也就是说，把德国、丹麦或俄国看作中国的一个省，就是时尚和风雅。出于同样的原因,演讲者假装看不到来自德国的丝毫危险。执政党被人民选举上台,主要原因是,好好先生们在台上(in),帝国主义者在台下(out),这样人民就不会被卷入欧洲战争,感觉他们是安全的。为了鼓起和平主义这张破烂的风帆,演讲者表现得好像德国人根本不想伤害英国似的。"

[157]"这一切最让人沮丧",恺撒说,"把外交政策仅仅作为竞选小把戏中的一张牌,对一个大国的利益最为有害。英国,和欧洲其他国家一样,是在她的唐宁街而不是在投票站或者委员会办公室被塑造成的。欧洲的思潮左右着各国国内政策支流。哥伦布啊,你极为公正地说,你给了英国人最有力的筹码。但是你想过没有,如果不是东南欧发生了一件大事,即土耳其人的到来,封锁了向东的路线,使得你的同胞们发现了一条西进的路线,如果不是这样,你还会想到去做你所做的事情吗?"

恺撒继续说:

我倒希望在我那个时代,中亚的帕提亚人(Parthians),能像你们这个时代的土耳其人一样强大。我活着的时候,我们就应该拥有你哥伦布,在你发现美洲1500年前,我们就应该发现了它,如果是这样,整个世界的历史走向就会大为不同。因为那样的话,你就把这个巨大的新筹码交给了罗马帝国,而不是小小的英格兰。听英国人谈论"不可言喻"的土耳其人真是有点好笑,他们欠土耳其人的感激之情,虽然并不直接,但应该比过去或现在的任何国家都要多,除了法国。

事实是,没有哪个国家是自己造就自己。只有当它对抗其他国家,对抗它的邻国以及邻国的邻国的强大力量时,才称得上自己造就了自己。如果这些邻国是弱小的二流国家,那对抗一方的国家本身也将是弱小的二流国家。[158]当今德国的伟大对英国而言真是天赐之福,因为法国已经衰落。通过恰如其分地应对德国，英国将会重新焕发活力。

　　凡人中的三流文人们，将我所建立的帝国的衰落归咎于我的罗马人的败坏。真是大错特错！我的帝国之所以衰亡，是因为它囊括了当时所有已知的文明国家，这个帝国缺少一个强大的对手，让它时不时与之对抗，借此给自己注入活力。他们说野蛮人，主要是指条顿人，征服了我们。唉！我希望那时候的条顿人比实际上更强大。他们从没有真正征服过我们。如果希腊人和马其顿人当时能联合起来采取大规模军事措施来对付我们，我们就会被迫放弃关于一个无所不包的帝国的致命想法，我们应该最终在地中海地区达成一种良好的充满活力的力量均衡。

　　英国人应该欣然接纳德国的崛起，尽管要与它的崛起做斗争。英国人认为自己的主要力量来自殖民地。但力量并非来自殖民地，这在地理上不可能，这力量来自它们与伟大的大陆国家的持续竞争。这些竞争造就了英格兰，造就了她的殖民地。放弃这些竞争，停止与大陆国家作斗争，必将终结英格兰及其帝国。在我的时代，我和我所有的朋友，为我对高卢的漫长的征战而自豪，我取得了对高卢领袖韦辛格托里克斯（Vecingetorix）的最终胜利。我现在真希望当时自己在阿莱西亚（Alesia）被打败，一个强大、团结的高卢在我不幸的对手领导下建立起来。［159］高卢对于我们而言，会是一个多么宝贵的健康竞争的中心！试图征服高卢是正确的，但彻底剥夺它的独立必然是场灾难。没有纷争的幸福只存在于奥林波斯。

第六夜　阿波罗与狄俄尼索斯在英格兰[①]

[160] 许多年前，在牛津大学的伯德雷恩图书馆（Bodleian），我被领进一个漂亮的房间，那里是约翰·塞尔登珍贵的藏书所在。[②] 房间高挑轩敞，比例匀称，墙上陈列着这位伟大学者的书籍，宛若沉默的军团。

那个时候，我还是喜欢书本多于现实，我一口气浏览了用超过十五种语言写成的大开本著作的标题和目录，这些书是所有西方学者和部分东方学者的著作。

之后，我在靠近房间入口处那幅精美的油画前停了下来，油画描绘的是这位爱国学者的脸庞和上半身。那张脸美得出奇，动人心魄。他双唇线条优雅地翕动，尤其是嘴角上的棱角，这立刻显现出男人的深沉缄默和富有洞察力的机敏。难怪肯特夫人（Lady Kent）会爱上他。政治权力、渊博的学识和迷人男性魅力的结合，无法不讨一个通晓世故的女人欢心。他的眼睛，又大又亮，然而隐藏的远比显露的还要多。显然他是个看到更多而表达很少的男人，他感受到的远远多于他想表达的。生活在詹姆斯一

[①] 经允许转载自《19世纪及其以后》（*Nineteenth Century and After*），1908年7月。

[②] [译按] 约翰·塞尔登（John Selden, 1584—1654），英国著名人文主义学者、法学家、历史家。也被称为博学家。

世和查理一世的动荡年代，[161] 他为了自己国家的自由发奋努力，同时他出版了大量关于古代法律、宗教和考古的学识渊博之作。

塞尔登的著作符合那个时代的习惯，就像彗星（comet）：一个小小的核心内容，拖着一个巨大的尾巴，这个尾巴就是从数以万计的作者那里引用的引文。我像一个尚未成熟的人，喜欢尾巴胜过核心。然而，我曾经到过不同的国家，也获得了一些实质性的（substance）知识。

当我用充满爱意的目光凝视这位学者的柔和之美时，我渐渐陷入沉思。我以如此巨大的热情，读了他写的书，读了关于他的书，以至于我认为自己认识这个人。我走过他曾经走过的街道，走进他曾经走进的厅堂，在那里，他曾和卡姆登（Camden）、克顿（Cotton）、厄舍大主教（Archbishop Ussher）、马修·黑尔爵士（Sir Mathew Hale）、埃尔斯米尔勋爵（Lord Ellesmere）、科克（Coke）、克伦威尔（Cromwell）这些人一起边走边谈。在匈牙利，我们被教导，这个时期是整个英国历史上最令人景仰的阶段。

塞尔登有一条极为特别的格言，他每一本藏书上都认真地写下这句话，这给我留下最为深刻的印象。

格言是这样写的："自由高于一切。"或者正如他用希腊文写的：περὶ παωτὸς τήν ἐλευθερίαν。

是的，自由，即政治自由高于一切。像所有 19 世纪 50 年代出生的人一样，我相信这个看法，就像相信面包和酒是好的、是必需的一样。我无法怀疑；我认为怀疑它简直近乎荒唐。我早就下定决心，总有一天要去牛津，[162] 去向这位学者满怀敬意地鞠躬致意，他在大量藏书中最浅显的一本上也写了赞美自由的希腊文来装饰它。

然而，在踏上去伯德雷恩图书馆的朝圣之旅前，我已经在美国待了五年。那里确实有充分的政治自由，但是在美国一年左右之后，我不由得看出，美国人为他们的政治自由不得不做的牺牲是沉重的，非常沉重，甚至可以说是毁灭性的。

我开始怀疑。

我想，也许不是不可能做出假定，在塞尔登的格言中有某些"假设（ifs）"存在，并且还有某些不利因素。我的灵魂变得晦暗；当我最终抵达伯德雷恩图书馆，走进塞尔登的房间，走近他的画像，我内心生出一种难以名状的希望，希望能以某种方式，从多年来我一直非常尊重他座右铭的那个人那里得到问题的答案。

于是我凝视他，等待着。房间变得越发昏暗。傍晚的影子开始在书架上蔓延开来。只有画像仍然被一种奇异白光环绕。好像阿波罗也无法把自己从这位他曾经的狂热信徒脸上移开目光。

过了一会儿，我注意到，或者说我自以为自己注意到，画像的眼睛带着一种又惊又喜的感觉朝我转过来。我鼓足勇气说出了自己的愿望，直截了当地问塞尔登，与伯里克利、柏拉图同在天国乐土共度了几个世纪之后，他是否仍然认为自由、政治自由是一个国家的首要目标，是一个不惜一切代价要去确保的目标。

[163] 于是，我清晰地看到，塞尔登的眼睛开始变得深邃，沉静的表面开始泛起涟漪，最后，一个温和的微笑从眼睛掠过，就像高地湖面上掠过的一朵云。

那微笑带给我的灵魂一阵战栗。塞尔登也怀疑自己的座右铭了吗？政治自由是否值得付出过高的代价获取？有没有比政治自由更有价值的东西？

当我从第一次的震惊中缓过神儿来，我大胆地接近那个微笑的画像，恳求塞尔登帮助我。

第六夜　阿波罗与狄俄尼索斯在英格兰

之后，在冷冷清清的房间的寂静中，我看到他的嘴唇在动，我听到的英语发音和今天的发音大不相同。它们听起来就像单簧管的低音，其中的节奏感和抑扬顿挫比我们今天能听到的要多得多。这些话讲究礼貌，可以想象，这些语句像很多朝臣，手放在帽子上，互相鞠躬致意，然而他们随身还带有一把准备好的剑。

对于我的请求，塞尔登回答说："如果你热切地想知道关于这个重大问题的秘密真相，如果是这样，看在你忠诚之爱的份上，我非常乐意做你的请愿者帮助你，别犹豫，跟我来吧。"

说完，他从画框里走出来，身着骑士时代（the time of Cavaliers）的服装，站在我面前。他拉起我的手，以一种既自然又超乎自然的方式，那一刻我感觉非常奇怪，我们悄无声息地离开了那个高大的房间，之后几乎立刻就到了乡村的某个地方，[164]那个乡村让我想到肯尼尔沃斯（Kenilworth），或者可爱的沃尔克郡（Warwickshire）的其他什么地方。

那是个夜晚，满月当空，月光的神秘气息笼罩着树木、山谷和群山。在一片茂密的桤木林间草地上，塞尔登停了下来。

当时有好几个人在场。我觉得他们是希腊人；他们服装像是阿尔喀比亚德时代的雅典人。很快我发现自己是对的，因为他们在说古希腊语。塞尔登向我解释说，这些人暂时离开至福乐土（Elysium），就是为了看看下面的世界运行得如何。旅程中他们来到了英格兰，他们急于去见过去的人和现在的人，探究他们从传闻中听说的这个国家的特点和境遇，这个国家有点雅典人的特点，有很多斯巴达人的特征，有大量的叙拉古和塔伦图姆人（Tarentum）的特点，还有少许罗马人的特性。

在那些希腊人中，我一下子认出了克桑提普斯（Xanthippus）的儿子伯里克利；克里尼阿斯的儿子阿尔喀比亚德；阿里斯通（Ariston）的儿子柏拉图；莫内萨科斯（Mnesarchos）的儿子欧里庇得斯；还有一个人，显然是德尔菲神谕所（oracle of Delphi）中的执政官或者高级官员；在随从中，我看到，在无与伦比的忒拜美人衬托下，如雕像般的斯巴达少女们和迷人的阿尔戈斯（Argos）女人们，还有带着庄重优雅的甜美微笑的塔纳格拉（Tanagra）女孩们。

他们热情友好地接待了塞尔登，谈话很快进入佳境，仿佛置身于雅典学园凉爽的树林中。

［165］第一个说话的是伯里克利。他向塞尔登表示，他对自己在英格兰所见的一切惊奇万分。

伯里克利说：

如果我当初没有统治神圣雅典娜的城邦30年之久，或许我应该对如今在这个陌生的国度所看到的一切感到满意。但是我曾经统领过我那个时代世界上最为重要的国家；曾经总是从音乐家兼哲人达蒙（Damon）、思想家阿那克萨戈拉（Anaxagoras）、智术师普罗塔哥拉（Protagoras）那里，同样重要的是，从我那机智的妻子阿斯帕西娅（Aspasia）等人那里得到忠告和智慧，我对你们称之为英格兰的这个政体（polity）感到困惑不解。

让我印象最为深刻的是，在这个国家，他们的统治竟然允许过去我们所说的那种俄耳甫斯团体（Orphic Associations）存在。在我那个时代的雅典，有大量秘密团体的成员，他们投身于极端的、非自然的、非希腊的异教思想和迷信。这样，我们就有了西雅索斯，① 正如我们称呼这些成员，有的是狂热的素食主义者，还有一些团体不允许他们的信徒喝上哪怕一滴基安酒（Chian）或其他葡萄酒；另外一些团体成员，无论在何种情况下，都不穿

---

① ［译按］西雅索斯（thiasoi），在古希腊宗教中，指的是围绕特定神祇崇拜而形成的宗教团体或组织。

羊毛衣物。

但是，如果这些俄耳甫斯神秘主义者自诩他们拥有提出法案的权力，在公众集会上，或者在这个国家称为议会的地方，目标是将整个雅典转变成一个有俄耳甫斯宗教秘仪的团体，可以肯定的是，我最坚定的对手也会与我携手一起抵制这种邪恶、卑鄙的企图。

[166] 我很理解斯巴达人，他们非常不愿意把任何真正的权力授予他们的国王、他们的议会和元老院，或者他们的下级官员，因此，他们不得不将过多的权力集中在少数监察官（Ephors）身上，并且将权力给了不断练习极端自控的每个斯巴达人个体。在像斯巴达这样的城邦中，共同体（commune）只被允许拥有很少的权力，或者没有权力；既没有将军、警察局长、强大的祭司或者国王，也没有任何其他拥有强权的在位者；在这样一个共同体中，个人必须是他自己的警察、祭司、将军和强制力。这一点，通过让人成为素食主义者，严格的清教徒，绝对的禁酒主义者，忧郁悲观的人，一个杀死快乐的万能杀手来实现。

说到这里，伯里克利被塞尔登温文尔雅的声音打断，塞尔登用纯正的阿提卡方言，通过提及巴勒斯坦被称为希伯来人的民族，证实了上述说法。塞尔登说："这些人实际上在任何时候都热爱自由，以至于他们无法容忍任何形式的政府，包括官员、警察、士兵、王子、祭司或议员，等等。因此，他们引入了一种称作仪式主义的个人自控体系，通过这种体系，每个希伯来人都把自己束缚在千头万绪的丝线上，诸如吃、喝、睡、寻欢作乐，等等，简而言之，束缚在日常生活中的每一个行为上。所以，伯里克利，希伯来人是一个由极端主义者组成的庞大的俄耳甫斯团体，虽然不像斯巴达人那么强大，但本质上却与他们相似。"

塞尔登的话刚说完，阿尔喀比亚德被柏拉图的一个微笑鼓励，[167] 加入了讨论，他看着伯里克利，大声说：

我尊敬的亲人啊（relative），① 我认真听取了你对这个国家的看法；我也游历了这个国家，遇到了形形色色的男男女女。在我看来，如果不是他们的俄耳甫斯团体，也就是这里有些人说的，怪人和追新逐奇者团体（Societies of Canks and Faddists），如果不是他们，这个王国的人民恐怕早已陷入一场接一场的内战了。

你们肯定都记得，我年轻时，对俄耳甫斯以及人们渴望神秘的天性有多么深的误解，我取笑它，因此受到了来自赫耳墨斯的严厉惩罚，赫耳墨斯远不如宙斯、阿波罗或者狄俄尼索斯这些神伟大。当时我并不知道，由于我的财富和地位，我可以在所有希腊人的注视下参加奥林匹亚举行的华丽的战车比赛，借此满足我旺盛生命力的需要。但是，在我的国家，那些普通的、地位较低的公民，生命活力同样强烈，但并未得到满足。

我跌宕起伏的经历告诉我，没有什么人能完全不需要俄耳甫斯秘仪，我在色雷斯人那里逗留时，发现那些野蛮人深谙秘仪和俄耳甫斯迷幻（Orphic Trances）的必要性，他们很久以前就引入一些节日，这些节日给男人们和女人们提供了一个自由的出口，发泄他们潜意识的、模糊的却对激情澎湃的白日梦和狂欢持有的强烈心灵渴望。夜晚，他们沉浸在群山中的狂放舞蹈，呼告冥界的神灵，以最狂野的方式尽情享受无边的快乐，他们的生命力堪比春天疯狂发芽的草木。

---

① ［译按］阿尔喀比亚德的父母属于阿尔克蒙尼德家族（Alcmaeonidae），是伯里克利的近亲。他的父亲于公元前447年在考赫尼亚的战斗中阵亡，当时阿尔喀比亚德只有3岁，伯里克利做了阿尔喀比亚德的监护人。

[168] 你们斯巴达（Laconian）的少女，① 总是高傲、冷漠，像个女战士，我请求你们说出，在你们严格控制的斯巴达政体中，是否会以最狂野的方式在可怕的泰格图斯山的小路、峡谷和裂隙游荡，② 不顾一切地寻求你们国家通常不允许你们沉迷其中的那种疯狂生命力的快乐？你们这些阿尔戈斯的女人，难道你们不也喜欢在特定的时候疯狂躁动吗？难道我没有见过你们在宗教复苏中的狂喜吗？

拉科尼亚和阿尔戈斯的女人们都承认这是事实，其中一个人问道："难道这个国家的女人们不庆祝这样的节日吗？如果不，我深表同情。"

一位忒拜的姑娘补充说："前几天，我们在一片他们称之为威尔士（Wales）的美丽土地上，翻越了斯诺登和其他几座山。③ 这很像我们自己的圣基塔伦山。④ 那么，为什么这个国家的女人在纪念神的时候，不是自由地庆祝节日，不像我们一年一度翻越圣基塔伦山那样翻越威尔士山脉？她们会做得很优雅，因为我注意过，她们跑起来比走的时候要好得多，她们手中挥舞着酒神的手杖时，比她们在游戏中挥舞棍子更加优雅。"

就在这时，从邻近树林的薄雾朦胧的神秘中，突然传来一阵嘹亮的声音，是女声的歌唱，不久，远处又传来了男声的合唱。草地上的人们立刻停止谈话，在他们称之为特里卡斯（Trichas）

---

① ［译按］Laconian，拉科尼亚人，在这里特指斯巴达人。斯巴达位于伯罗奔半岛东南，拉科尼亚平原南部。
② ［译按］泰格图斯山（Mount Taygetus），希腊南部伯罗奔半岛泰格图斯山脉的最高峰。这是欧洲最古老的地名之一，出现在《奥德赛》中。
③ ［译按］斯诺登山（Snowdon），威尔士最高的山峰，苏格兰高地以外的不列颠群岛的最高点。
④ ［译按］圣基塔伦山（Mount Kithaeron），一座长约10英里的山脉，位于希腊中部。

的德尔菲长官的命令下，他们都去找常春藤，如果找到了，就用常春藤把自己缠绕起来。[169] 音乐越来越狂热，越来越近。

在我所处的位置上，依稀能分辨出，半空中，一群身着轻盈衣裙的女人在快速行进，挥动着酒神手杖，跳着自由自在的优美的舞步，一直唱着赞美生命和快乐之神狄俄尼索斯的歌。

特里卡斯郑重地要求我们闭上眼睛，他吟诵了一首令人难忘的奇怪的诗，恳请神原谅我们的到来，并且像之前一样护佑我们。

但是，斯巴达、忒拜和阿尔戈斯的少女们离开了我们，仿佛凌空飞升，融入那群狂欢的女人中。

过了一会儿，音乐平息，逐渐远去，除了清风吹过干枯的桤树发出的悠扬声音，什么也听不到。

* * * *

接着，在特里卡斯示意下，柏拉图接过了话题：

我的朋友们，你们都知道，在我的雅典时日里，我关于冥界力量惩罚我们过错的所有教导，都已经被博学的老师们以注释我作品的方式充分考察过，就像野蛮人在人类美丽的躯体上文身一样。

因此，我可以说，我最终进入了一种净化和惩罚状态，[170]，这种状态能让一个人以事物恰当的比例理解它们。于是，关于目前所处的这个奇怪的国家，我不得不说，虽然你们讲了很多道理，但你们并没有清楚地掌握问题的实质，或者，正如我们过去所说的，你们不清楚整个问题的实际状况（οὐσαί）。

这个民族，像我们所有希腊人一样，在很多世纪之前就下定决心，要保持其政治自由完好并且不被削弱。为了这个目的，它总是试图去限制，并且在过去三百多年中，实际上成功地限制了,甚至破坏了国家、教会、贵族和军队的大部分强制权力。塞尔登把他们比作犹太人并非不恰当。犹太人的情况和英格兰人一样,缺乏国家、教会、贵族和军队的强制权力,不可避免地就产生了个人或者非官方的强制权力。

用一个更概括性的词,这被称为清教主义(Puritanism)。我们的斯巴达人与英格兰人一样,不能容忍公共团体的强制权力,他们同样被赶进一种个人的清教主义,这种清教主义被称为他们的引领者(ἀγωγή),同样由狂热的禁酒主义、缄默主义、反智主义和其他共同的特征组成。

英格兰这种无法避免的清教主义还采用了一种之前他们称之为《圣经》的形式;现在它以禁酒主义为依托——也就是说,它变成了液体的清教主义。我有最毋庸置疑的权威说法,当代的英国人,就烈酒和葡萄酒的消费而言,是所有欧洲国家中最节制的消费者;比如,普通的法国人,[171]每年葡萄酒平均饮用量是英国人的152倍之多。即便是啤酒,比利时人的平均消费量也是英国人的两倍;就连丹麦人的平均饮用烈酒的量也是英国人的近5倍。

然而,所有这些事实都不会改变任何人。因为,既然清教徒要的是清教主义而不是事实,就只能通过劝诱他接受另一种清教主义来打动他,但绝不能通过事实。

因此,他们引入了基督教科学,或者说是最古老的俄耳甫斯谬论之一,中世纪的德国人过去称之为"祈祷自己安康"。他们同样开创了反活体解剖主义、素食主义、反烟草主义、严守安息日主义,一种综合了各种清教主义特征的社会阶层体系。

在雅典,我们划分不同的人,根据的只是他们被赋予政治权利的大小,但从没有在社会问题和纯粹的人类事务上划出人的界限。最自由的雅典人乐于与客籍人(metic)或者外籍人(denizen）握手，我们吃所有能吃和有益的东西。在英国，更高阶层的人看待下一阶层，就像严格禁酒主义者看待啤酒，素食主义者看待牛肉，或者严守安息日者看待他们所谓欧陆星期天一样。

此外，在英国，除了我的听众亚里士多德创立的动物学和植物学之外，还有一门社会动物学和植物学，专门研究那些按照英国阶层中的清教主义不能给朋友们进食的动植物。因此，社会上排斥蚌和扇贝，除非它们以无法辨认的形式出现；[172] 面包以顺势疗法（homeopathy）的剂量来提供；在宴会上喝啤酒简直不可能；黑萝卜就是对个人的侮辱。

同样，街道、广场、礼堂、剧院、温泉——总之，物质世界中的所有事物都是或不是某个"阶层"，也就是说，它是否受社会清教主义支配。所有这一切，就像希伯来人的情形一样，他们有一种无限延伸的仪式主义，关于什么能吃不能吃，能喝不能喝，关于事物"洁净"或"不洁"，有着严格的划分；我认为，所有这一切都是英国不愿意将强制权力赋予国家、教会、贵族、军队或者其他有组织的团体机构的必然结果。

他们憎恶征兵的想法，因为他们不愿意将权力交给军队，而宁愿落入追新逐奇者（faddists）的圈套。

他们不愿意以一种形式授予的强制权力，必然会以另外一种形式予以承认。他们摧毁了由国家或者教会掌控的清教主义，因此，既然强制权力不可或缺，他们一定会把清教主义作为一时的潮流（fad）接纳它。

犹太人除了是一个极端追新逐奇民族之外，还能是什么？如我们所说的，他们是非政治的（apolitical），那他们必然是极端的俄耳甫斯教派，也就是极端的清教徒。

政治自由是以社会自由为代价换来的。没有人敢率真地展现自己；他必须以病态的自我意识小心地审视自己的一言一行，就像警察监督街道上的交通一样。他抑制所有的手势,以免暴露他的真实情感,[173]因为手势会即刻暴露一个人。一个人不可能做出惊讶的手势而一点也不感到惊讶,反之亦然。

就这样,渐渐地,所有的人性资本被压抑、伪装、非人性化,总之,牺牲在了政治自由的祭坛上。

罗马人比斯巴达人聪明得多,他们既赋予诸如元老院这样的团体机构强制权力,也赋予诸如执政官、监察官、保民官这样的单个官员强制权力。因此,他们不需要任何荒唐的私下的强制权力机构,也不需要怪诞的风尚潮流。

另外,英格兰人想掌控像罗马这样的一个帝国,却把他们的政体建立在斯巴达人引领(ἀγωγή)的狭窄之地。其中有一个内在的矛盾。英格兰人束缚了他们自己最好的意愿,并且必须始终违背他们更好的信念,去为追新逐奇者们立法,因为他们缺乏完成帝国使命的勇气。

帝国需要帝国机构,也就是说,要被充分赋予政治权力。如果可能的话,官职应该通过任命,而不是竞争性的测试来授予,任期只有五年或者十年。警察应该拥有更为广泛的权力,学校应该服从一个全国性委员会。议会必须是帝国的(Imperial),不仅仅是不列颠的(British)。关于要使这个王国更具我们所说的帝国性质的必要性,还有很多可以说的,但是我看到欧里庇德斯火急火燎地要发表他的看法,我相信他一定能够[174]以一种无可匹敌的方式最终给我们全部难题下个定论。

* * * * *

于是欧里庇德斯对大家这样说:

许多许多年以来,我一直观察和研究这个世界上见过的最富生机的共同体,雅典。我在他们的家中,在市场,在法庭,在和平时期与战争时期，在剧院和庙宇，在厄琉西斯和德尔菲的圣地，观察他们的男人和女人。

就我个人而言，长久以来，我一直倾向于一种几乎完全受阿波罗影响的世界观。我认为，正如太阳显然是一切存在的伟大生命赋予者一样，光明、理性、制度、自由以及设计完善的举措构成了这个共同体的最高智慧。

我所写或者所说的一切，都是为了效力于伟大的光明、理想和进步之神。我无法找到足够犀利的词句来表达对阿波罗所否定的那些情感和思想的蔑视。我极力破坏并猛烈攻击那些充斥人类的黑暗、阴森、神秘的激情。我憎恨帝国主义，崇尚自由；我颂扬哲学，诅咒俄耳甫斯式的观念。

但是最终，我经历了伯罗奔半岛战争的可怕体验，目睹了至高无上的荣耀和难以释怀的耻辱，我学会［175］以不同的方式思考。我懂得了，正如人的内心有两个灵魂，一个是天上的属阿波罗的灵魂，另一个是地上的或属酒神的灵魂，所以统治着这个尘世（sub-lunar world）的，是两位神明，而非一位。

这两位神是阿波罗和狄俄尼索斯。

一个统治着光明的世界、政治权力的世界、科学理性的世界、和谐的缪斯的世界。另一个则是非理性之神、激情之神、狂热之神，是我们那颗难以控制的心的神，这颗心比浩瀚的海洋还要丰富，充满怪物，也充满珍贵的珍珠。

除非在一个特定的共同体，立法者以有序和公开的方式，明智地给崇拜者提供对两个神的崇拜，否则狄俄尼索斯和阿波罗会因为目光短浅的政治家以及无礼的不信仰者的忽视，从而施以可怕的报复。

在伟大战争期间（Great War），① 我们与许多非希腊民族或我们称之为野蛮人的人们接触和冲突。他们中的一些人虽然虔诚地，也许是过于热情地敬奉狄俄尼索斯，但他们却都忽视或者蔑视阿波罗。其结果是，伟大的神让他们看不到自己的优势，剥夺了他们的光明和节制，他们既不能作为城邦的缔造者，也不能作为自己城镇的公民永享繁荣。

因为阿波罗和所有的神一样严厉，他使用弓箭与使用竖琴一样准确无误。

狄俄尼索斯也同样。

凡是要蔑视狄俄尼索斯的民族，很快就会沦为他可怕报复的悲惨牺牲品。一个民族如果不是公开地在公共场合敬拜他，就会陷入古怪和荒诞的怪癖，[176] 很容易堕落成有危害性的恶习，侵扰政治肌体的每一个器官，夺去社会交往的吸引力。斯巴达人虽然允许他们的女人暂时崇拜狄俄尼索斯神，但却没有足够重视狄俄尼索斯，他们主要崇拜的是阿波罗。因此，他们不得不做很多导致去人性化的事情，尽管很多人敬佩斯巴达人，却没有人爱他们。

这是我最近才得出，且得之不易的对人性本质的洞察，这也是我想在戏剧《酒神的伴侣》中以能想象出的最强烈方式要表达的。我心痛地看到，我的评注者们对我作品真正奥秘的理解少之又少。如果狄俄尼索斯在我这儿只是象征着酒和寻欢作乐，那我为什么要用无端的残忍恣意惩罚忽视酒神巴库斯（Bacchus）

---

① ［译按］欧里庇德斯这里所说的 Great War 指伯罗奔半岛战争。这场战争发生在公元前 431—前 404 年，冲突双方是以雅典为首的提洛同盟与以斯巴达为首的伯罗奔半岛同盟。这场战争几乎涉及了希腊所有的城邦，现代研究者也称之为古代的世界大战，战争改变了古希腊的城邦格局，在西方历史上意义重大。

的人呢，让狂乱的母后亲手杀死王子？这种可怕的夸张，使我所有希腊式的节制情感都不寒而栗。

不管是神话还是我的戏剧，都不涉及放纵、野蛮的杀戮；那些认为古代人祭是为了纪念酒神的学者，那些关于狄俄尼索斯祭仪的"过时观念持有者们"，应该由酒神狂女来处理，并且让他们因自己的无礼而受折磨。

的确是人祭，但不是用到刀刺致人流血而死的那种。是那种人性资本严重丧失意义上的人祭，是由内心遭受的威吓而导致的非人化（dehumanisation）——这就是我戏剧的意义，别无其他。

［177］哪个国家比英格兰更能充分地诠释我《酒神的伴侣》传达的真理呢？

如果这个国家的人民能够恰当地敬奉狄俄尼索斯，那这个国家可能会是所有民族中最幸福、最光明的，它会成为所有其他国家的典范，像神一样生活在永恒的幸福当中——也就是说，思想与行动、理性与情感、美与节制的完美平衡。他们为皮提亚的阿波罗成功地做了那么多；他们建立了自由和帝国权力的坚实基础。他们培养了各种智识追求，并取得辉煌成就；在给阿波罗的颂歌中，他们表现出了表达与情感的精妙之美。

但是他们一直坚持忽视、诋毁和驱逐狄俄尼索斯。

他们不愿谦卑和公开地向热情之神鞠躬，向无理性的感情和激情鞠躬，向所有欢乐和愉悦地生活着、跳动着、颤动着的快乐事物鞠躬；他们试图压抑情感、控制所有欢乐，诋毁快乐。

之后，这位神看到他们对他的轻蔑，就实施报复，让他们盲目、发疯，就像对待忒拜国王彭透斯（King Pentheus of Thebes）、阿尔戈斯的国王珀尔修斯（King Perseus of Argos）、奥克梅诺斯的米亚斯（Minyas of Orchomenos）的女儿、提林斯的普罗托斯（Proitos of Tiryns）等许多其他人一样。酒神狄俄尼索斯把荒谬的思想和荒诞的偏见灌输到他们心中,他们中的一些人每年花费数百万金钱来阻止这个国家使用酒神的礼物,而这个国家长期以来一直是白人世界中饮酒最少的,事实上,他们喝的好酒和高贵的酒太少了。

[178] 另一些人则被愤怒的狄俄尼索斯导致疯狂（μαίνεσθαι）,或者导致暴怒,因为在这个国家的每年的 250 个非官方的雾天中,添加了 52 个官方的雾天,他们称之为星期天。

还有其他人,在震怒的酒神狄俄尼索斯的鼓动下,发表了他们忍无可忍的宣言,反对所谓残害动物的声明,而他们自己却对人类充满了残忍的厌倦,这让人们感到愤怒。

我很满意地注意到,他们当中有一个人似乎察觉到了神的愤怒,他试图以某种方式恢复狄俄尼索斯的节日祭典。

他称自己的俄耳甫斯团体为救世军（Salvation Army）。

他们模仿真正狄俄尼索斯信徒们的腿和脚的动作,并非完全不成功;但与真正的宗教信徒精神相去甚远。

因此,被这个国家的人们忽视和看不起的狄俄尼索斯,以一种我在《酒神的伴侣》充分展现的结局和下场,为自己复了仇。

然而,古希腊的典范——雅典城邦的例子,这个国家的人们都在学校学习过,这些本可以教会他们更好的东西。

大约在公元前 8 世纪或 7 世纪（如他们所说）,狄俄尼索斯崇拜开始在希腊传播,起初,各个城邦都不遗余力地反对它。所有这些城邦都是阿波罗缔造的。它们由理性的体制安排,通常听命于一个人。它们当中,所有事物都为了光明、秩序、好的节奏、明晰和系统而精心安排。这一切都是为了阿波罗,城邦缔造者的荣耀。[179] 这些国家的领导者自然就憎恨狄俄尼索斯。

然而,他们很快就相信了这位新神的威力（might）,掌管事务的智慧者们不是蔑视、抗拒或者忽视它,而是决定正式接纳它。在这个事情上,他们遵循(哦,特里卡斯,难道他们不是吗?)德尔菲的先例,德尔菲之前虽然纯粹属于阿波罗,但现在却欣然向新神狄俄尼索斯敞开了它的圣殿,所以从此后德尔菲既是阿波罗的,也是狄俄尼索斯的。

在雅典,人们对这位新神的崇拜如此深切与彻底,以至于雅典人并不满足于为纪念他举行的普通乡村体育活动和游行,雅典人创造了伟大的肃剧和谐剧,作为对这位强力的神的恰当敬奉。雅典人是拿了报酬去看那些奇妙戏剧的,在那里,他们狄俄尼索斯式的灵魂能够找到、也的确找到了充足的食粮,从而得以净化,或者换句话说,可以防止灵魂陷入愚蠢的宗教狂热者或者其他骗子的圈套。要不是阿波罗崇拜之外还有酒神节庆,希腊人就会变成欧洲的中国人了。

那么,为什么英格兰人不也同样这么做呢?他们为什么不建立一个或者几个大型的、由国家管理的剧院呢?为什么他们的国家总是设法给年老体弱之人提供养老金,而不帮助年轻人保持精神平衡呢?为什么他们在歌唱、朗诵和舞蹈方面没有公众的竞赛呢?他们几乎从来没有正式的与音乐有关的活动;并且,如果他们的谋士或者大臣是一位优秀的钢琴家或者小提琴家,他们会嘲笑他,认为他配不上自己的职位。[180]迄今为止,能和伊巴密浓达相提并论的谋臣微乎其微,① 他既长于舞蹈,又长于弹奏竖琴。

但是,当他们无视音乐——也就是,忽视了狄俄尼索斯主要的礼物——他们就蜷伏在那些可怜的俄耳甫斯禁酒者、素食主义者或严守安息日者(Sabbatarian)的杂乱无章的喧嚷声中。

---

① [译按]伊巴密浓达(Epaminondas),公元前4世纪忒拜的将军和政治家,他改造了古希腊的忒拜城邦,使其摆脱斯巴达的奴役,在希腊政治中具有卓越地位。伊巴密浓达瓦解了旧的联盟,建立新联盟,重塑了希腊的政治版图。

第六夜　阿波罗与狄俄尼索斯在英格兰 | 163

这就是狄俄尼索斯为自己复仇的方式。

我知道他们对德国人的强大是多么不安。那么，他们为什么不学会尊敬狄俄尼索斯呢，要知道他可是巩固德意志帝国的主要帮手？德国音乐让北方德国人和南方德国人亲密团结在一起；让他们免于在无聊的风尚上浪费数不清的金钱、时间和精力；它为德国的政治凝聚力（intimacy）铺平了道路。

如果英格兰人没有轻视狄俄尼索斯，如果他们为酒神唱起那些年轻时一旦学过就永远不会忘记的动人心弦的歌曲，他们也许就能借助通俗音乐（common music）打动人心的魅力，留住数以百万计离开他们海岸的爱尔兰人。由于缺乏这样微妙但却持久的维系，他们只能通过毫无效果的政治手段来控制爱尔兰人。

音乐中绝不仅仅是叮叮当当的节奏，它包含无限多，狄俄尼索斯就在其中。英国人的政治老师嘲笑亚里士多德，因为他在《政治学》中郑重其事地谈论音乐。但是亚里士多德本人告诉我，他目睹了英国人讨论荒唐的社会主义方案，因为他们不想通过适当的酒神崇拜来稳定民众的灵魂，他嘲笑这些人。

社会主义注定要在可怕的狄俄尼索斯手中遭受彭透斯（Pentheus）的命运。社会主义轻视［181］狄俄尼索斯；酒神很快就让它疯狂。

瞧，朋友们，我必须离开，阿波罗正在那里升起；他想和刚刚经过我们身边的狄俄尼索斯会合。如果他们两者都留在这个国家，如果他们都受到适当的崇拜，我们也许会时不时地再次回来。现在我打算马上动身去卡斯塔利亚泉了。①

---

① ［译按］卡斯塔利亚（Castalian spring），在希腊神话中，卡斯塔利亚是一位仙女，阿波罗把她变成赫利孔山下的泉水。卡斯塔利亚可以激发那些喝她的水或者听到她水声者的诗歌天赋。圣水也被用来清洁德尔菲神庙。阿波罗将卡斯塔利亚献给缪斯女神。

第七夜　苏格拉底、第欧根尼与柏拉图论宗教

[182] 第七个夜晚，众神和英雄们在罗马竞技场再次相会。皎洁的明月悬挂在空中，像一盏巨大的灯笼，柔和哀伤的月光洒在这座宏伟的建筑上。不朽的诸神身着薄衫，举止轻盈，与竞技场中阴沉的石头形成了强烈对比。诸神就座后，宙斯威严地站起身来，开口说道：

"诸神和各位英雄！从阿尔喀比亚德、第欧根尼、柏拉图、亚里士多德、哥伦布和恺撒的故事中，我们获得了很多绝妙的消遣，这些故事涉及英格兰世俗生活的各种特征。苏格拉底啊，如果现在请你介绍一下英格兰人的宗教生活，我向你保证，这样做并非嘲讽。在座的各位心里怎么想，我们心知肚明，无须多言。愤怒的雅典娜不止一次要求我，把我的闪电掷向她在雅典的旧居，掷向帕特农神庙的遗迹时，我私下告诉她一些事，并没有碰那神圣的庙宇。我对待凡人们的神庙也会如此。苏格拉底，我们将满怀共情和专注，听你诉说。"

身形健硕的圣哲站了起来。[183] 五官闪耀着人性的光辉，脸上温和的微笑使他显得更加神圣。苏格拉底说：

"噢，宙斯、诸神和各位英雄！在有生之年，我经常聆听希罗多德讲述的那些奇妙故事。虽然我从不会像后来的普鲁塔克那样

第七夜 苏格拉底、第欧根尼与柏拉图论宗教

质疑希罗多德的诚实，但我不能不怀疑他关于各民族宗教故事的描述。如果当时就知道后来在英格兰学到的东西，我就不会对希罗多德的说法有丝毫怀疑。

在英格兰待了一段时间后，我才开始了解他们那些奇特的宗教。英格兰人不只有一种宗教，而是有好几种。起初，我以为他们根据各郡不同的边界有不同的宗教。这样，一个整齐的地理分布会使宗教事务更有条理，但我发现事实并非如此。我还试图弄明白他们的宗教是不是按照60个不同的社会阶层来分布，但这也行不通。然后，我又尝试看宗教是不是按职业、服装、所得税乃至禁猎区（private games）分布。

通过这种方式，我最终找到了他们众多宗教间的真正界限。简而言之，他们的宗教类似于个人爱好，并且取决于个人的爱好。

例如，如果一个英格兰人不喜欢酒，还偏好清教思想，那么他就会很倾向于信奉加尔文宗。加尔文教导人们通过扼杀生活的乐趣来享受生活。

[184] 如果另一个英格兰人非常喜欢烟草和吸烟，他自然会倾向于高派教会（High Church），因为高教会派里会烧很多香，烟雾缭绕。

如果一个英格兰人做事有条不紊，一丝不苟，他就会对卫理公会（Methodism）抱有极大的同情。

第四种情况是，如果一个人易受道德冲击的影响，他会加入贵格会（Quakers）。

通过这种方式，我开始在英格兰人的宗教迷宫中摸索出路。然而，最奇怪的是，这些五花八门的信徒都坚信，他们各不相同的信条都来自同一本书——《圣经》。就此而言，这些人让我想起自己在雅典时的对手——智术师。智术师同样能滔滔不绝地证

明任何主张的正反两面。

为了充分领会英格兰人的信仰精神，我经常在星期天去教堂。

老实说，我不太明白为什么英格兰人把这一天叫作星期日（Sunday）。教堂里没有太阳，而且它比任何时候更像黑夜，应该叫"星期无日"（Unday）。我的结论是，这一天的一切安排都是为了强烈突出星期日与黑夜的相似之处。因此，为了防止人们在这令人昏昏欲睡的一天不入睡，英格兰人以布道的方式引入成千上万的催眠药剂。我不知道这种药还有什么其他用途。

对我这个老希腊人来说，人们为什么要不辞辛苦地给那样一个人发薪水，这完全无法理解，这个人在一周的同一天、同一个地方，用几乎相同的话重复让人感到毛骨悚然的相同训诫，一年多达数百次。[185] 显然，英格兰人在其他日子里的生活无精打采，枯燥乏味，以至于他们想在星期日来点儿道德上的刺激和精神上的"古龙香水"。我们希腊人从来没想过要做这样的事。如果有谁认为我们需要定期接受这种道德说教，我们会认为这是对个人的侮辱。

希波克拉底告诉我，① 有些人的体质确实需要经常服用泻药。但是，是否所有人都患有道德便秘呢？

一想到如果自己像那样对我当时的雅典人说教，我不禁会哑然失笑。那样的话，雅典人可能早在我真正么做之前就把装着毒芹汁的酒杯递给我了，而不是等到后来才这么做。每个家庭的主人都会认为，我自命不凡地对他们进行道德说教是对其私生活的诽谤。他们每个人都想把自己的家变成礼拜堂，总是在践行虔

---

① ［译按］希波克拉底（Hippocrates，约公元前460—前370），伯里克利时代的医生，对古希腊医学贡献良多，使医学与巫术及哲学分离，成为一个专门学科，被誉为西方医学之父。

敬、义务和人道。他何须我的说教呢？雅典人参加城邦的盛大节日是为了履行他对其他人的义务，参加陆军或海军也是出于同样的目的。

我们不知道什么教条。我们并不认为一个人需要把灵魂寄托在对某些抽象教条的信仰上。如果关于宙斯的某一个故事他不感兴趣，他可能对另一个故事津津乐道，关于宙斯的故事有无数个。有人说宙斯出生在克里特岛，也有人会认为宙斯出生在其他地方。这一事实或那一事实在历史上是否准确，对我们雅典人来说无关紧要。

[186] 凡人们可不是。对他们来说，宗教就像买卖合约，是一个书面证据问题。他们不断要求"证据"、"证明"和"验证"。他们的神学家是初级律师和出庭律师，但不是宗教人士。如果我向伯里克利索要阿尔克迈翁家族所信奉宗教的"证据"，[1]他一定会勃然大怒，让奴隶把我赶出家门，就好像我要让他提供他妻子贞洁的"证据"一样。

我们认为，宗教不是个"证据"的问题，就像生命、健康、睡眠或梦想不需要"证据"来证明一样。我们知道自己活着或者身体健康，我们不愿意听长篇大论来证明这一点。

在英格兰漫游时，我遇到过许多神职人员，有一位在坎特伯雷（Canterbury）担任要职，是个博学多才的人。我很想知道他对希腊人的宗教有何看法。他对我说了这么一番话：

"希腊人的宗教？哎呀，亲爱的先生，他们根本没有宗教。希腊人是异教徒。他们相信不道德的男神女神的各种不道德的故事，彻底沉沦于败坏和糜烂之中。他们的恶习臭气熏天。有哪个

---

[1] [译按] 阿尔克迈翁家族（the Alcmaeonidae），雅典主要贵族家族之一，政治地位显赫。伯里克利和阿尔喀比亚德的母亲均源自这个家族。

希腊人说过这话,如果有人打了左脸,你还应该把右脸伸过去?"

苏格拉底接着说:

"没有",当时我说,"没有人那样说过,从来没有,因为我们知道没有人会那样做。我们在城邦内和对外战争中有很多高贵的举动,从没有觉得有必要用言辞夸大行动。[187]事实上我们也从来没有这样做过。"

"是这样吗?"神父回答道,"你的意思是,我们之所以这样说,是因为从未实践过?"

"正是如此",我说,"你们无法付诸行动,就试图拥抱行动的影子,言辞,像德谟克利特说的那样"。

"即便我们从未践行过,这样说难道就不崇高吗?当宣称自己温柔、慷慨、非凡卓越时,这难道不是在提升我们的道德价值吗?这并不一定要在说话当天就要实现,而是可能在以后的某一天实现。"

"恐怕",我说,"这就是我们常说的谄媚者和伪君子的言论"。

神父说:

"先生,要不是因为我的宗教信仰,我就会用骂人的话来回答。我们不是伪君子,我们相信自己所说的话,而我们所需要的就是相信。我们不会担心我们信仰的应用,就像数学家不担心定理的实际应用一样。

"这正是我对你们信仰的反对。宗教不是一个定理,而是一种行动,一种积极的情感。我们的宗教就像我们的语言一样,全部都是主动动词,全部是动作和活力,全部是表达和情感,但没有定理。

"但是,看看你们神话中的迷信和彻头彻尾的虚构!谁见过阿波罗、狄俄尼索斯、美惠三女神、阿芙洛狄忒或你们不计其数的神中的任何一个？它们都纯粹只是幻象，只为了娱乐而不是提升。它们属于宗教情感的萌芽阶段，只是拜物教更艺术化的形式而已。"

[188]"我完全相信你"，我说，"你从未见过美惠三女神，也没见过阿芙洛狄忒。也许她们像你回避她们一样，也在小心翼翼地躲着你"。

神父说："先生，这太轻佻了。在我们的宗教中，没有什么是轻佻的。请允许我坦白地告诉你。据说，你承认过，有几天你一直感觉芙丽涅的纤纤玉手在抚摸你的肩膀。先生，这是你和所有希腊异教徒的特点。一想到有位主教竟然会承认这种轻佻的情感，我心里就不舒服。我们也有肩膀，唉，我们中间也有芙丽涅。但没有人会承认自己有过像您承认有过的感觉。这恰恰是你们与我们的不同。"

我说，"你们为自己的人性感到羞耻，我们没有，这就是区别所在。我们洋溢着人性，甚至把我们的神也人性化了。你们为人性感到羞耻以至于将自己的神非人化和超人化（supra-humanize）"。

"可耻，先生，太可耻了。我们的人性在上帝那里！"

"如果只存在于他那里，这样，你们就没有人性了。"

苏格拉底继续说：

听了这话，那个人转身离去。

几天后，我到了一个他们称之为牛津的地方。那里聚居住着众多智术师，并且他们开坛设教。在那里，年轻人被教导，要装出那种对印度人和黑人非常有威慑力的冷漠神情。除了最新款袖口或衣领，什么都不能使他惊奇，什么也不能让他激动。年轻人迟早会变成僧侣、纨绔子弟和学究的奇妙混合体。

[189]我被带去见他们一位最有名的神学家。在我们的语言中，这个人的名字是马车夫的意思。他带着好奇的微笑接待了

我。还没等我开口，他就说：

"我知道，先生，你在扮演已故的苏格拉底。好吧，来吧！来吧！我必须悄悄地告诉你，我是一位高级评论家（higher critic），精通'消失术（vanishing trick）'这门伟大的科学。假设你提出一位历史名人，想让他消失，对我来说，没有比这更容易的了。我首先会问他一些非常简单的问题，比如：

"是谁让他存在？

为什么他选择了他的母亲，而不是其他那些能干的女人？

是什么让他选择了他的父亲，而不是其他那些能干的男人？

出于什么原因确定他自己的出生地，更不用说他出生的年、月、周、日？

出生后就大声哭喊是出于什么动机？

能否对自己小时候的各种疾病给出令人满意的解释？得麻疹和百日咳是出于恶意，还是由于倔脾气，抑或是希望得到更多关注？

如果对这些明确而肯定的问题无法给出令人满意的答案，我就先把他列为嫌疑人。然后我再继续追问。

如果此人据说打了胜仗，我会问他为什么是在陆地上而不是在海上作战？反之亦然。

为什么在战斗时［190］没有准确测定战斗地点的经度和纬度？

为什么首席将军的名字以 L 开头，而不是以 S 开头？

如果据说他是古代立法者，我就问他，为什么他要借鉴邻邦的法律？

他登记和公布法律遵守的是哪种方式？

法典用纸是手工制作还是用木浆纸？

上面的水印是原始的还是仿造的？

用的是墨水还是颜料?

站着写的还是坐着写的?

书写名词和动词用同一支笔,还是用不同的笔书写不同的部分?

是否真的知道什么是名词?是喜欢阳性词尾,还是喜欢阴性词尾?是否对代词有偏见,是否对字母 b、k 和 z 有特殊癖好?"

"如果这个人不能令人满意地回答所有上述问题,我就宣布他是个冒牌货。我会当面告诉他,他从来就没存在过,然后把他贬为一个卑鄙小人,因为他的存在毫无根据。至于你,你说你是苏格拉底,你能回答我列举的任何一个问题吗?让我们来回答第一个问题:是谁让你存在?"

我(苏格拉底)说:"我想是雅典吧。"

"雅典?要回答这个问题,我们［191］首先要看看雅典是否存在过。我问你,先生,你能证明雅典存在过吗?"

"我能,因为它依然存在。"

"注意这是明显的谬论!一个现在存在的东西,现在,也就是处于现在和未来边缘的事物,能说它在过去'出于同样原因'(eo ipso)存在过吗?我很严肃地问你:现在的边缘是过去吗?未来的边缘是过去吗?现在和未来的边缘能被称为过去吗?雅典可能存在过,也就是说,曾经被称为雅典的一些房屋和街道可能存在过。但你能说,我最想问的是,你能说是雅典的房子让你存在的吗?还是街道让你存在?"

"所谓雅典,我们指的是雅典人。"

"哦,我明白了,雅典人。他们是谁?三分之二是外籍奴隶,五分之一是外籍自由民(metiks)。因此,三分之二加上五分之一就是十五分之十三,城邦里的绝大多数人都是外乡人(uit-landers),你不可能说他们让你存在。剩下的十五分之二是雅典本地人。在这些人中,绝大多数都是你的敌人,他们把你逼向死亡。那些人愤怒地叫嚣着要你死的人,难道可以说他们强烈地希望你出生吗?

"因此,只剩下一小撮儿雅典人可能希望你存在。他们如何适当地表达自己的愿望呢?在公民大会上,事情由他们无法控制的多数人决定。在法庭上,每个案件都有数百甚至数千名法官,[192] 其中绝大多数都是你的敌人,这些人会反对你的出生。在神庙里,从没有做过这样的决定。

"因此,你出生前的朋友们的意愿可能只是少数公民的私人愿望,而不可能是雅典固有的倾向或愿望。Quod erat demonstrandum [证明完毕]。既然你无法对第一个关键问题给出让人满意的答案,我就将你列为嫌疑人。"

苏格拉底说:我什么也没说,我惊讶得说不出话来,竟然允许这种胡言乱语冒充对事实的探究和"科学"分析。但那个人得意洋洋地继续说:

"你什么也不说?Qui facet consentlre videtur [沉默即同意]。从你脸上我可以看出你折服于我的睿智,我已揭穿你的真面目。我们揭开了一切事物的面纱,揭开从石头、金字塔、鳄鱼、猫鼬到王子、国王、先知和英雄们的面具。我们的博学和洞察力让普通人感到恐惧。

"我们是神学中的福尔摩斯。

"我们会击溃任何冒牌货、文士,任何厚颜无耻地冒充大人物的人。既然我们都没那么重要,他又怎么会有什么重要的呢?

"如果在这里待上一段时间,你很快就会知道很多古代以色列的事都没有发生过。

"牛津就是那些骗子的苏格兰场,这些人名叫亚伯拉罕、摩西、大卫王、参孙、先知,还有其他什么骗子。我们已经一针见血，将他们戳得灰飞烟灭！

［193］"目前，我们已经证明以色列所有的宗教都是从巴比伦偷来的。再过几年，我们就会证明，巴比伦人的宗教是从更东边的埃兰人那里偷来的。① 这一点一经证实，我们就可以进一步证明埃兰人的宗教窃取自藏族人，藏族人窃取自汉族人，汉族人窃取自日本人，日本人窃取自美洲的印第安人，印第安人窃取自扬基佬，扬基佬又从牛津大学偷来。这样，我们将回到这所伟大的大学，为未来三百年的高等批判家提供生计和名望。伪苏格拉底啊，你如今安在？"

我一时说不出话来。等我回过神来，我说：

"哦，智术师，如果说我们的宗教在古希腊除了使我们免受'高级评论家'的折磨之外，再没有其他好处的话，那么它对我们来说就已经很有用了。不管怎样，我们至少对这种疾病具有免疫力。普鲁萨的狄翁和其他人写了反对特洛伊战争历史真实性的演讲，② 但人们只是把它当作一种修辞练习。对于你这样的人，没有一个希腊人会给予丝毫的关注和认可。英格兰人一定是饱受丑陋的宗教羊角风和精神湿疹的折磨，才会找你们这些巫医神汉开出这样的药物和药丸。"

* * * * *

［194］苏格拉底继续说：

对这种宗教问题上微不足道的怀疑主义我深感厌恶，我向英

---

① ［译按］埃兰（Elamites），属于古老的前伊朗文明，起源于伊朗高原外的埃兰地区，这个地名在《圣经》中有不少记载，沿用至今。这个地区的人民以善战著称，据《圣经》记载他们是诺亚儿子闪的后裔。

② ［译按］即金嘴狄翁（Dio Chrysostom，40—115），希腊演说家，存世有80篇演说辞及数封书信。

格兰的一些朋友表达了这种感受。他们建议我去城里的一座寺庙，听一位相对年轻的白发男子布道。他们说，在他的身上和他的演讲中蕴含着宗教情感。我接受了建议，反复去听所谓的新宗教（The New Religion）。

那个年轻人讲得很好，让人印象深刻。他告诉人们，二加二等于四，绝对拒绝等于五。

他强调说，他不能相信神迹（miracles），因为神迹以神奇的（miraculous）方式发生。他说，如果神迹在警方的监督下有条不紊地发生，比如在摄政街彼得·罗宾逊（Peter Robinson）的家门口发生，《每日钉报》或《X 射线日报》（Daily X Rays）按时预告并公布整个过程的安排和顺序，他就会说："主啊，主啊，我相信了。"

"但是"，白发年轻人说，"你们或世界上的其他人怎么能认为我会相信一个神迹？它以最无序、最不合理的方式突然从天而降，既没有通知警察，也没有通知《每日钉报》或《X 射线日报》的编辑？"

白发年轻人继续说：

"这样的神迹只是一个流浪汉、一个游手好闲的人、一个颓废者，一个失去社会地位的人或者被放逐者（déclassé or déraciné）。神迹既没有证明它自己的合法证件，也没有体面的社会关系。大量这种未开化的知识让伦敦大学的物理学教授不安，激怒化学家们，［195］并且证实了我在其他讲道坛的同行们的荒谬迷信。

"兄弟姐妹们，我告诉你们，世上没有神迹，从来没有，永远不会有。让我告诉你们一个有意思的经历吧。前几天，我和一个在法国南部旅行的人在一起。法国这个国家，如果不是英国好心庇护，早就从地球或其他星球的表面上消失了。"

"我提到的这位先生谈到了卢尔德,① 以及他在那里看到的神迹。我耐心听了一会儿,终于忍无可忍,于是我们开始了下面的对话:

他(旅行者):卢尔德是真正教会之神奇力量最有说服力的例证。

我(白发年轻人):真正的教会在伦敦,先生,那里没有任何神迹发生。

他:我完全不同意,但如果为了论辩起见,我接受你的说法,即伦敦城里的圣殿才是真正的教会。如果真是这样的话,那么在那里所行的神迹要比卢尔德看到的神迹还要伟大。

我:感谢你的快速转变立场。我很高兴看到,你感受到了我的教会的力量。这种力量来自我所教导的伟大真理。但关于神迹本身的说法,我虽然不情愿,但必须谢绝这一荣誉。我重申,我的教会里没有神迹,既未教导神迹,也未行过神迹(neither taught nor wrought)。

他:得了吧,得了吧!你的教会不仅有神迹,而且与我在卢尔德看到的神迹一模一样。

我:先生,你怎么能无端侮辱我呢?卢尔德铺天盖地的所谓神迹,压根儿就不是神迹,[196] 这不过是自动催眠的效果,如果一个人相信圣-(St-)有治愈能力——

他:沉住气,沉住气,我亲爱的先生,我根本没有提到那种治愈能力。再一次,站在你的立场上,为了论辩起见,我承认卢尔德的水并没有因为这个或那个圣徒的影响具有神奇的治愈能力。不过,请允许我说一句,这就像医生开的药碰巧治好了我们

---

① [译按]卢尔德(Lourdes)位于法国西南部的比利牛斯省,以卢尔德圣母院闻名,法国最著名的天主教朝圣地。传说 1858 年一个女孩在卢尔德附近的山洞中看到圣母玛利亚显灵。

的病一样，是一个神迹。还有什么比这更神奇的呢？但这只是顺便说一下，我提到了另一种神迹，你没能很快猜到是什么，我只能表示惊讶。

我：我一点也不了解神迹。

他：好极了！这正是伟大的莱辛曾经说过的话：所有神迹中最伟大的，是人们根本不认为是神迹的那个。想一想，你的布道不是吸引了大批听众吗？难道你没有说服他们中的大多数人相信你创立了一个新的宗教吗？世上还有比这更神奇的事情吗！

在布道中，你在逻辑的细绳上跳舞，这绳子是用科学解剖台上丢弃的贫血猫的肠子做成的。如果因此你赢得'走钢丝的人'（rope-dancer）的美誉，人们就会很容易理解。但你赢得新宗教创始人的声誉，这对于逻辑绳索来说，就如同猫肠之于一位伟大的小提琴家一样。这难道不令人惊叹吗？萨沃纳罗拉（Savonarola）至多会让你给他擦鞋子，① 而人们却把你当成现代的萨沃纳罗拉。[197] 这难道不奇妙吗？这难道不是神迹吗？这不正是卢尔德的神迹吗？成千上万聪明的法国人相信水因圣徒而圣化从而具有治愈能力。这难道不是我们这个时代的神迹吗？

我：如果说因为我相信科学的无限和真理，我就比萨沃纳罗拉远远逊色，那么我乐于放弃这一荣誉。我们给人类心灵注入的光越多，它就会越高贵。

他：那么你认为你的听众追随你是因为你赐给他们的光吗？请立刻放弃这种想法。他们追随你，是因为你有趣的个性，是因为你满足了他们的虚荣心。在你说服他们'旧'宗教的生命力

---

① [译按] 萨沃纳罗拉（1452—1498），多名我会修士，意大利佛罗伦萨宗教改革家，曾领导佛罗伦萨民众驱逐美第奇家族建立共和国，后被教宗亚历山大六世处死。他以反对文艺复兴艺术和哲学、焚烧艺术品和非宗教类书籍，以及严厉的布道而著称。

不过是一潭死水时,他们沾沾自喜,认为自己在智力上胜过正统信徒。

难道就没有人有勇气大声说出,英格兰所有宗教的顽疾就在于,它们不断谄媚理性和科学吗?进化论最初受到了神职人员的正当谴责,如今却成为一种不可或缺的既定华服。没有进化论的装饰,主教都不敢主持布道或做礼拜。全世界的博物学家都在猛烈地攻击、反驳进化论,但是没有一个英格兰的神职人员胆敢质疑它。他愿意而且必须曲意逢迎他所认为的'科学'。

以前,科学是神学的随从或婢女。现在,神学只不过是生理学家或生物学家的女仆。

我:就是这样。我明白了,我的好人儿,[198] 我必须跟你说得明白点。我们神学家别无所求,只渴望权威。我们早就知道,这个世界只是由权威主宰,除此之外别无其他。来世也是如此,如果有的话。在过去的时代,科学影响力还不够,因为它还处于萌芽阶段,几乎没有什么权威。因此,我们践踏科学,不屑地将它弃之一边。现在,相反,科学已经成为社会中颇具影响力的部分。科学继续做着非凡之事,创造着令人难以置信的物理、化学或生物所取得的胜利壮举。

我们现在不仅接受了新人(homo novus),即科学人(the man of Science),还试图利用其成就赋予他权威。还有什么比这更自然的事呢?

就拿英国来说吧,它是彻头彻尾的唯物主义者,跪倒在科学面前。在过去的60年里,科学,除了自然科学(physical Science),没有别的被敲打进它的脑壳。这个国家认为,科学之外的任何研究都是哄人高兴的骗局。他们对人类历史一无所知。给我们科学!给我们事实,事实!他们当然会这么说,因为事实省去了他们思考的麻烦,也不会让人冒充成思想家。

事实，科学事实，这就是他们想要的一切。英格兰人认为，人的思想不过是大脑的一种生理排泄物，就像泪腺分泌泪液，肾脏排出尿液一样。因此，他们推断，只要在生理实验室里研究大脑就够了。

例如，文学史有什么用？如果想知道这一点，[199]你只需要研究大脑，它至少是部分文学产生的原因。

军事史有什么用？生理实验室里研究的是手臂（arm），而不是武器（arms），因为是手臂在战斗。

社会学研究有什么用？也就是说，研究家庭有什么用？生理实验室里研究某些器官的神经，它们才是家庭的真正成因。人文科学的其他相关研究也是如此。科学，这都是科学本身的问题。"

白发人继续说道：

"这种情况下，除了在科学中获得必要的权威之外，我们还能做什么？科学是最能发展出权威的地方。凡是能讨科学这位大爵爷（grand seigneur）欢心的事，我们一边卑躬屈膝，一边忙不迭地迎合。科学本身，即物理学、化学和生理学，不承认有关未来无法衡量的情况、趋势、当下对未来的预测以及不可理解的事物，等等，我们同样不承认。

"科学不能偏离某些数学原理，我们很快也大声宣布，我们无法停止拥抱这些可贵的原理。

"科学永远无法分析或重新解释所有宗教秘仪中的奥秘：人格（Personality）。我们这些新神学家都快把胸脯拍破了，高呼人格根本不是什么历史性的力量。

"科学甚至都不能触及创造性、创造或生命起源的问题。我们像报童一样追着科学飞奔，扯着嗓子大叫：'最新消息！没有创造！没有起源！法案刚刚通过！高票通过！一分钱！最新消息！'

"难道你们看不出来吗？难道你们不明白吗？[200]在共和制国家，我们是共和主义者，在君主制国家，我们是君主主义者。即便如此，在一个被自然科学的表面抓痕震慑的时代，我们是不是也必须感到瘙痒，并且要使劲挠？

"我们不可能放弃目前科学所赋予的权威。神秘者们把有关过去的巨大、长期的趋势以及现在对无限未来的预测都归到一个人的身上，我怎么敢把耶稣作为这种神秘者当中的一个？我从一位人文主义者那里听说，耶稣是一种神奇的人格力量（power of personality）的继承者，这种力量被称为'头骨骨相主义'（Cephalism），这种力量形塑了整个古典时代，同时又预测了广阔的未来。

"也许吧。

"但是任何科学认可的方法都能应用于这种思维模式吗？一个也没有。因此，我必然会轻视它、无视它。

"只要耶稣不适用那种传记模式，或者说不适用我们运用到蟑螂或蚊蚋生活的那种思考，我们就无法严肃地谈论耶稣。

"难道他的讲道不像是鸟儿产卵，到了特定的时候，就有新鸟儿从蛋壳中产生吗？

"耶稣的教会不就像斑点啄木鸟在古树树洞里筑的巢吗？

"他的使徒不就像漫步的鹤群当中的那些瞭望鸟（watch-birds）吗？

"如果想科学地研究耶稣，我们就必须像对待一只戴胜鸟或乌鸦那样对待他和关于他的一切。这倒不是说我们真的了解戴胜鸟或乌鸦。只不过以这种方式对待耶稣，[201]我们就可以使用所有冠冕堂皇的科学术语。难道你不明白吗，这样我们就可以确保获得当今科学所拥有的全部权威。

"到目前为止，我已经创立了新宗教，但我不太满意。我觉得我们需要一个最新的宗教。自从我出生以来，世界就进入了一个新时代。有些东西已经被拽离了原来的位置，我必须立即予以关注。

"与此同时，我正在准备一种基于真正科学的耶稣生平。现有已出版的耶稣生平已完全过时，缺乏真正的科学精神。

"我的'耶稣生平'将分为三个部分。第一部分是先成要素（Antecedents）。① 我将从巴勒斯坦的土壤、空气和水入手，研究巴勒斯坦的地质对耶稣的影响，特别是土壤的分层是否与耶稣的思想分层相对应。通过这种方式，我将获得耶稣的智慧、人性和弥赛亚各层的精确命名。

"我将确定耶稣的旧石器时代、新石器时代、上新世（pliocene）、第三纪中新世（miocene）和其他第三纪的心智构成。其贡献将不可估量。

"然后，我会继续仔细分析巴勒斯坦的空气，尝试确定空气中的氩含量。加上研究伯利恒一带的行话（jargon）以及萨尔贡王的遗骸，② 这些都将为我研究耶稣的感觉打下坚实基础。这样我就能确定这些感觉是潜意识的、自动催眠的、自动伦琴式的、喷射飞机式的（aeroplanesque），还是齐柏林飞艇式的。

"如果在伯利恒或拿撒勒附近的石头中发现一些镭，③［202］我就能解释耶稣超常和耀眼的天赋。

---

① ［译按］"先成要素"是地质学术语，指一种预先存在的自然条件。文中说话者用来表达地质环境对形塑耶稣的作用。作者讽刺了现代科学作为"新宗教"对传统宗教的消解。

② ［译按］伯利恒（Bethlehem），耶路撒冷南部市镇，耶稣诞生地；萨尔贡王，古代美索不达米亚一个王朝的创立者。

③ ［译按］拿撒勒（Nazareth），巴勒斯坦地区北部古城镇，耶稣故乡的一个城镇。

"一旦完成先成要素研究之后，我会继续研究耶稣的生活。对动物学家和生物学家来说，一只狐狸与另一只狐狸同样好，一只兔子与另一只兔子同样有用。我将按照他们的方法研究示剑城或耶路撒冷现代拉比的日常生活。①

"我要测量拉比的鼻子、嘴唇、（打哈欠和睡觉时）嘴巴的宽度和高度、体重、步速、嗓音高低、脉搏、心率、饮食。这将提供有关耶稣生平的宝贵数据，我会把所有数据整理成精细的统计表。

"一拿到这些表格，我就会着手工作中最重要的部分。我绝不会感到疲倦，直到我发现一种赋予耶稣非凡魅力（captivation）的微生物。我毫不怀疑，这种微生物可以从琐罗亚斯德、佛陀、孔子、穆罕默德和耶稣的比较方案中提炼出来。我将之命名为'预言家赫胥黎微生物'。我相信会把它分离出来，并把标本送到南肯辛顿博物馆（South Kensington Museum）。我将——"

* * * * *

苏格拉底说：

当那个白发人离题神游到这一阶段时，我离开了大厅。我感到一阵眩晕。这些凡人以为，他们能对人的品格做三角测绘，[203] 只因为他们用三角测绘法丈量过英格兰的国土。英格兰人从未想到过，三角测量法以及所有科学方法用于且只能用于数量或质量的测量。根本没有什么关于爱、恨或精神力量的几何学说。这是毕达哥拉斯派的古老错误。毕达哥拉斯啊，你在奥林波斯蹉跎了几百年后，向我承认了这一点。

---

① ［译按］示剑（Sichem），《圣经》中的地名，其城市被巴路山和基利心山环抱。耶和华在这里应许亚伯拉罕，把这块地赐给他的后裔。

数字不是事物的灵魂。

品格才是事物的灵魂。

我们人类具有卓越的创造力。我们的主要力量不是智力（intellect），也不是意志力（will-power）。我们既不是黑格尔主义者，也不是叔本华主义者。就聪敏程度（sagacity）而言，许多动物超越了我们。莱布尼茨啊，你不是对我坦率承认过，你和乡巴佬的区别不在于你更有智力（intellectual）或脑力（brain-power），而在于你更有创造力吗？

在伦敦，智力或者说缜密思考的力量可能比比皆是。如果人们对科学或哲学像城里人对金钱交易一样兴趣浓厚，我们应该比现在走得更远。

但是，人的智力差异远远小于在创造力上的差异。

文学、科学或艺术方面的伟大人物在智力上并不比其他人聪明多少。他们在独创性（originality）上超越了普通人，也就是说，之所以超过普通人，是因为他们致力于开掘未被开垦过的土地。他们正是以这种方式进行创造。

正是在这个意义上，每个人在某种程度上都是新的土地，伟人（Great Humans）绝对是新现象。[204] 换句话说，伟人是新的创造物。他们身上有X射线都无法穿透的一种东西。

科学只能理解到平均水平。她无法接近"新星"。这就是伟人们总是被科学人否定、排斥和嘲笑的原因。

为什么铃兰会开出铃铛形状的花朵？科学永远无法解释。这些铃铛是铃兰个性的一部分，科学无法理解，就像庄稼汉无法理解高雅的雅典人一样。

诸神啊，英雄们，你们可以想象，当听到那么多神职人员如此"科学地"谈论人类中的最伟大者时，我的感受是什么。耶稣的存在依其本身就是超人类（Supra-human）。

科学无法解释铃兰,科学就能够重塑耶稣吗?

我本应该像那些科学人那样,在重塑我的弗里吉亚奴隶的任务面前退缩。

可以说,人们可以重新创造许多人格现象,但不是通过科学的方法。人格属于人文学科,其方法与科学方法完全不同。

有人说,我在世时把哲学从天上带到人间。宙斯啊,我希望你能让我重回人世,将他们的哲学从人间提升到天上。

* * * *

[205] 苏格拉底说完后,集会陷入一片深深的沉默。宙斯神圣的脸庞上没有一丝波动,唇间也没有说出一句鼓励的话。突然,一阵大笑传来。每个人都转过身,朝笑声传来的地方望去,看到第欧根尼正准备在集会上讲话,不由得松了一口气。宙斯点头同意,这位曾经的犬儒派说出了下面这些话:

苏格拉底啊,没有什么比你的故事更让我开心的了。我确信,你再次出现在凡人们中间,远不如我有必要重新出现。只有我能矫正这些男男女女扭曲的宗教肌理(religious fibres)。如果不是出于对你和集会者们的尊敬,当你谈到他们的新宗教时,我就该不合时宜地笑出来,新宗教,不过是一块没有复活(resurrection)的复活馅饼(resurrection-pie)。

与凡人们严肃地讨论自然科学及其方法无法解决宗教问题,简直是浪费宝贵的时间。让这些人尽情享受进化论(Evolution)、演化论(Convolution)或退化论(Devolution)吧。他们越是沉浸其中,我在尘世的学生们就越有机会取得成功。官方的神职人员自以为很聪明,试图把宗教变成一个怪物,半人半马、半科学半信仰。而我的学生在这一点上比所有神职人员都要聪明得多,他们在各个方面都取得了辉煌的进展。

这些神职人员竟无法理解，人们越是学习真正的科学，其思想［206］越是习惯科学方法这块干巴巴的点心，他们内心就越渴望神秘主义的饮料。这难道不令人捧腹吗？

罗马的神职人员经过两千年的训练，对这一切了如指掌。

你们质朴的灵魂，你们勤劳的、没有受过科学指导的农民或小资产者们，只要有一点真诚的信仰就心满意足，对神秘主义和宗教上的荒诞不经漠不关心。正是你们这些高度紧张的、现代的、受过科学训练的头脑，急不可耐地渴求那些冷静的科学（sober Science）给不了的东西。

只要看看西方大陆的欧洲人就知道了。在美国，一切都经过推理，系统化、方法化到极致。美国人的生活就像他们的城镇一样：规则的广场；以连续的数字命名的笔直街道；他们按照明确规则来标记、归档、建筑、造型。在美国的城镇里，除了人们背上没有画上各自的编号外，没什么能让人感到惊讶。

像街道一样，宪法、学校、领土，一切都像乐谱一样被统治着。在所有这些由少数大亨创立（或者说混淆？）的25万所中小学、50万所大学、60万个图书馆中，除了理性、理性、理性，你什么也听不到。这些理性有煮的，有烤的，有炸的，有炖的。理性从大大小小的注射器中喷射出来。如果对你来说理性太多了，你就可以向后拉活塞，把它再次储存在注射器里。

传统、未明确表达的倾向、潜在含义和微妙的不可捉摸之物，［207］美国一概都没有，有的只是机器、账本和登记簿，这些都是以极度清晰的方式表达出来，吵闹而又粗俗。一切都被理性之皮革、方法之兽皮和逻辑的木板所束缚。在美国，男人和女人不是被丰盛的情感汤羹滋养，而是被科学药片喂食，而其间的情感被提炼为最终的化学元素。女人嘲笑浪漫，她与男人的关系是"理性的"。孩子嘲笑虔敬，他或她与父母的关系经过理智

(sense)的辖制!女仆对忠诚嗤之以鼻,她与主人的关系浸渍在"不可剥夺的理性权利"诸如此类的醋汁中。

这一切对我来说都极好。因为,发生了什么呢?

美国人沉溺于理性狂欢。为了只在理性真理的旗帜下生活,美国人抛弃了历史真理的所有动因,他们早已厌倦了理性。美国人就像一艘大船上的船员,储藏室和食品柜里除了肉类提取物和科学药片之外什么都没有。经过一个多月的航行后,这些船员终将沉没,否则的话,他们宁愿吃掉最让人恶心的鱼,也不会继续进食科学食物。

毕竟,说到底,美国人也是人。他们想要的不仅仅是药片和肉类提取物。再多的罐头也无法取代一棵新鲜的卷心菜。基于这一永恒的真理,我的弟子们去美国工作了。

他们充分意识到,美国人一定已经对理性"厌倦"透顶。[208] 这些弟子忙不迭地给美国人民提供最令人兴奋的非理性装备。一个人发明摩门教(Mormonism),另一个人发明唯灵论(Spiritualism),第三个人发明犹太复国主义(Zionism),第四个人发明奥奈达主义(Oneidaism)或者说滥交,第五个人发明基督教科学,第六个人发明道成肉身论(Incarnationism),诸如此类,林林总总。

还能有比我的胜利更伟大的吗?我会小心翼翼地不去透露给美国人,他们由于过度崇拜阿波罗而忽视伟大的狄俄尼索斯,已经沦为狄俄尼索斯怒火的可怜受害者。就让他们继续写下那些轻蔑希腊神话的想法吧,继续写下那些"美妙世纪"的荣耀,在这个世纪里,狄俄尼索斯被宣布为一个纯粹的神话。只要美国人这么做下去,我就不会缺成功的门徒,我的名声将会越来越大,直到全美国找不到一个心智平衡的人,即使他用的是爱迪生最新款电灯。

苏格拉底啊，为什么要如此严厉地对待众多的英格兰神职人员及其围绕进化论的种种进化呢？他们做了美国人做的事情：过度追求理性。就像阿基米德说的，让他们去作（音 zuō）吧，不要动我画的圆。我保证，当他们下次引入"最新"的进化论时，我会邀请你们去观看这出好戏。你们会享受到前所未有的乐趣。我已经授意我新一批门徒在英格兰开启新宗教，一年前的新宗教已经过时。这些颓废、躁动的人想要的是另一种宗教。我刚刚收到了一封来自尘世的无线电报（Marconigram），我可以把学生们最近的趣事儿讲给你们听了。我可以这样做吗？

戴安娜、阿芙洛狄特和雅典娜立刻鼓起掌来，[209] 其余诸神和英雄们像她们一样发出银铃般的笑声。狄俄尼索斯派来两位美丽的仙女，为第欧根尼准备一个更加舒适的休息地方，还给他一杯卡普里（Capri）葡萄酒。酒杯金光闪闪，欢乐盈盈。第欧根尼向伟大的神（Great God）、宙斯深深鞠了一躬，然后继续说：

据我了解，基于我亲爱的门徒们一致同意，被称为"极乐世界电报"（Elysiogram）。这个词类似于"有线电报（telegram）""无线电报（marconigram）"，指来自极乐世界的信息。

很明显，现在这群凡人就是这样一代毫无耐心的鳗鱼，不可能等到死后再接收来自另一个世界的信息。他们已经把尘世洗劫一空，连毛带肉吞进了肚子。早上，他们已经完全从睡眠中恢复过来，在还没喝完第一杯破坏神经的锡兰卷心菜（Ceylon cabbage）汁，他们就已经从"报纸"上了解了地球上每个角落发生的一切。

地球开始让他们厌烦。凡人们必须每天（或每小时？）读报道极乐世界动态的一两个专栏，更不用说冥府的消息了。这些报道对他们的消化来说不可或缺。

想象一下，只要有一点点冥府的味道佐餐，一个人就能多么轻而易举地吞下他的午餐！当有人试图切开巴塔哥尼亚硬肉（他们称为苏格兰牛排）时，① 他会心满意足地读到一个已故债主如何在地狱的刑室中受虐。他如此轻松愉快，甚至可以在塞西尔酒店大吃一顿。②

[210] 苏格拉底啊，你说过，英格兰神职人员接受进化论是因为进化论赋予了他们权威。当然，他们还要采用先进的通信手段，不能再耽搁。如果马可尼都能用无线电与纽约联系，③ 神职人员又怎么能落后呢？他们必须更进一步，用无线电连接极乐世界。没有比这更显而易见的了。

人们需要它。

莱特先生很快就会登上彩虹，跨坐在上面。甚至在此之前，齐柏林先生就会把第一支德国街头乐队送上火星。也许更早之前，居里夫人用圣保罗教堂那么大的镭石，照亮、解读所有未曾探索的苍穹的浩瀚深处。

在这种情况下，神职人员怎么能甘于人后呢？这不可想象。因此，据了解，《每日钉报》和《密友报》（Crony）将开设"极乐世界"专栏，由来自那边的单个单词、数字、符号、感叹词和休止符组成，从那里开始极乐。有些段落只有逗号、冒号、分号和点号。这些将是最有趣的东西。这些信息（message）将与"按摩（massage）"仔细区分开来，两者截然不同。这些符号将带来最惊人的消息。我的主要门徒，奥利弗·诺奇（Oliver

---

① [译按] 巴塔哥尼亚地区（Patagonia），位于南美洲南端，主要部分在阿根廷境内，有一小部分属于智利，由广阔的草原和沙漠构成。

② [译按] 塞西尔（Cecil），位于英国伦敦的豪华酒店。

③ [译按] 马可尼（Marconi，1874—1937），意大利发明家，1896年发明了无线电报系统，1909年获诺贝尔物理学奖。

Nodge）教授，刚给我发来最新的极乐世界电报。很幸运，今天刚收到：

> 今晚天气很热——心情沮丧，好像我和 H. C. ——4，0 先生——：！——交换了看法！这个地方有点过时了。——请定期寄《泰晤士报》。——［211］现在我知道，穿法兰绒衣服不健康。——永远不要忘记给手表上发条！——死亡只是生命的小插曲。——如果能够避免死亡，那就不要死！——死亡是一个失败。34、56、78、90、12……

当第欧根尼读完弟子发来的极乐世界电报后，火神赫菲斯托斯原本一脸严肃，现在也捧腹大笑。竞技场的层层看台在笑声中摇晃，就像狂风中摇摆的榆树。

第欧根尼继续说道：

我很高兴地看到，我的门徒给你们带来了欢乐。毋庸置疑，如果没有他们，这个世界将会变得更加无趣。你们可以想象，我的门徒不会满足于仅仅每天在报纸上开一个专栏。

他们将创办自己的极乐世界报纸，建立极乐世界教堂，成立极乐世界教会，进行极乐世界布道。总之，他们将建立新宗教——极乐世界。

在这奇妙的宗教中，信徒会得到他所希望得到的所有战栗、悸动、震惊和伏地忏悔，还有交替出现的狂喜。

在这方面，它远胜于任何音乐厅。

英格兰这些滑稽的神职人员对音乐厅怒不可遏。但是他们为什么要废除公共的、快乐的、各式各样的教会节日？中世纪不就引入了大量的教会节日吗？公众确实想得到震撼和战栗。如果教会不提供，音乐厅就会提供。

第七夜　苏格拉底、第欧根尼与柏拉图论宗教　｜　189

［212］我们希腊人竭尽所能使宗教吸引人并且富有乐趣。我们的宗教游行和公共节日绚丽多彩，充满了乐趣、艺术、音乐和感人的虔诚。

希腊人怎么会觉得需要现代音乐厅呢？这是人类才智最后的堕落，比罗马角斗场、西班牙斗牛还差劲，比法国最糟糕的小说还要糟糕。

如果神职人员们能稍稍考虑一下我们的新宗教，就会立即看到其巨大的好处。在极乐世界里，最柔弱、最精致优雅的女士，最终可以找到她们一直渴望的东西。

在深夜12点到2点之间起床后，她会带着宗教般的战栗去看极乐世界通讯，用灼热的目光翻阅各专栏，寻找最新的极乐世界讯息。想想看，当她在一个或另一个段落中发现已故的朋友（无论男女）某些不检点行为，涉及她，她会多么激动。想象一下，她会虔诚地跑去找报纸编辑，或者去找极乐教宗（Elysiop），也就是新宗教的首席主教，给他100、200块钱，甚至500块钱，以换取那个可怜灵魂在极乐世界的安宁。极乐教宗保证会尽力而为，并将500块作为教会开支。这是多么令人兴奋的经历啊！

当天晚些时候，这位女士还将享受她一位女友的焦虑，这位女友正在等待丈夫的极乐世界电报，她丈夫几个月前失踪，［213］却没有给他忠诚的妻子发一份他离开的正式官方声明。紧张地期盼，多么美妙的时刻啊！

只需再付几张钞票给教会，发出的极乐世界电报就出现了。

想象一下，极乐教宗、极乐大主教或极乐执事的布道会受到上流社会的关注，引发他们的兴趣。按惯例做完自我介绍后，布道者会从口袋里掏出最新的极乐世界报。在朗读前，他会艺术性地停顿一下，用最微妙的神经紧张和扭曲来填充这些战栗（vibrants）。

然后，布道者会慢慢地报告来自极乐世界和冥府的最新消息。以另一世界的权力所特有的正义，这些满是安抚和慰藉的令人愉悦的消息，只向那些热衷于教会活动和热衷于捐款的成员宣布。另外，有些成员的热情还有待提高，他们得到的则是让他们毛骨悚然的消息。

哪里的音乐厅甚至剧院能有教会这样的吸引力？一旦各阶层和民众被吸引过来，牛津大学或利物浦大学的教授会迅速提出新的极乐教义。不出三年，柏林的哈那克教授就会写出教义史，①并出版教会的地理分布图。

在这一宗教不计其数的福祉中，[214] 有一种福祉，其价值怎么说都不为过，更不用说正确估算了。当然，我指的是它拥有庞大的资源来治疗所有的疾病。很明显，一旦与极乐世界保持持续且直接的沟通，我们就可以轻而易举地向已逝的亲人询问生病时该怎么办。因为如果极乐世界的某个人死于花粉热，经历过花粉热发病的各个阶段，他自然就比任何地球上的医生都更熟悉这种病，不仅知道花粉热在地球上发病的各个阶段，还知道在彩虹之外发病的各个阶段。尤其是考虑到，根据诺奇教授用自己的极乐打字机撰写的最可靠的极乐世界报，所有逝去的人都认为，花粉热、阑尾炎、肺炎等病只不过是史密斯医生、琼斯医生、詹金森医生等人的命名。

无论得了什么病，我们只需将症状告知极乐世界，并向死于这种疾病的极乐世界人询问详细的处方。通过这种方式，我们肯定能比基督教科学或伊斯兰教化学（Mahometan Chemistry）更快

---

① [译按] 哈那克（Harnack），德国新教神学家，教会史家，德国自由主义神学代表人物。1874 年哈那克获博士学位后任莱比锡大学讲师，两年后任教会史教授。1888 年被提名为柏林大学教授，因其自由主义观点遭路德派反对。他主张信仰必须依靠理性；启示能指引人认识真理。

地治愈所有疾病。

我们将出售极乐药丸,任何比彻姆药丸都无法与之媲美。根据我们从冥河(Acheron)彼岸得到的指示,我们将拥有极乐之水的储藏库,会胜过洪亚迪·雅诺斯、卡尔斯巴德·斯普鲁德尔、孔特勒克塞维尔或艾克斯莱班。①

众所周知,恺撒与上界关系密切,是上天的宠儿(intimate friend of Providence)。[215] 通过他,我们将在瑙海姆附近的某个地方安排一个极乐世界浴场。②

这样,我们的宗教就完备了。

它将有独一无二特的出版社、层级体制、礼拜仪式、布道、药丸、圣水和洗礼地,更不用说还有愉快的周日下午、道德健身房、克己周和特制的无针线服装。

现存的宗教都将消失,宗教统一将主宰全世界。宙斯啊,如果你同意的话,我将亲自在韦斯特伯恩公园礼拜堂(Westbourne Park Chapel)总部主持。

第欧根尼的演讲获得了热烈的掌声。就连一向严厉的德摩斯

---

① [译按] 洪亚迪·雅诺斯(Hunyady János),一种来自匈牙利的天然矿泉水,1896 年格拉斯哥一家医院的研究表明,这种水具有强泻作用;卡尔斯巴德·斯普鲁德尔(Carlsbad Sprudel),欧洲著名的温泉胜地之一,位于捷克西南部的温泉小镇卡罗维发利,其温泉资源在 14 世纪中期被查理四世皇帝发现,并逐渐成为著名的温泉疗养胜地,许多名人如奥匈帝国皇帝、俄国沙皇、贝多芬、瓦格纳都来此泡过温泉;孔特勒克塞维尔(Contrexéville),位于法国东北部,著名的疗养胜地;艾克斯莱班(Aix-les-Bains),位于法国奥弗涅—罗纳—阿尔卑斯大区萨瓦省的城镇(区别普罗旺斯的前首府艾克斯),Aix 来源于拉丁语 Aquis,即"水"的意思,les-bains 在法语中为"水浴"之义。艾克斯莱班不仅拥有众多沙滩浴场与港口,还是法国位列第三的温泉城市,被誉为"女王们的温泉镇与温泉镇女王"。

② [译按] 瑙海姆(Nauheim),德国黑森州的小城,城中有知名的温泉浴场。

梯尼（Demosthenes）也表示祝贺，① 认为第欧根尼给梅费尔和伦敦东区的可怜人震颤装置的疲惫神经带来了真正的、崭新的震撼。②

几位神自愿为《极乐时报》传送信息。恺撒提议，他和亚历山大大帝、伯里克利以及其他英雄发送信息，反驳现存的希腊罗马史中关于他们功绩的记叙，为的是享受学者们之间的混乱所带来的巨大乐趣。

* * * * *

当集会的欢闹气氛达到顶点时，宙斯对他们说：

"哦，朋友们，我们将从这里启程前往奥林波斯，并最终去日本和中国，在此之前，关于凡人们下一个宗教阶段会发生什么转变，我建议柏拉图谈一下他严肃的感想。[216] 我甚至可以授权柏拉图说出事情的走向，但要保持适当的节制。"

柏拉图从靠近苏格拉底和亚里士多德的座位上站起身来。他首先向宙斯鞠躬，然后向阿波罗鞠躬，他请求阿波罗允许祭司们吟唱德尔斐的神圣颂歌。柏拉图说，这颂歌从远古流传下来，最适于让人们心中充满宗教情感。他还说，罗马教会仍然保留着这首颂歌。阿波罗点头同意，于是，在帕特农神庙大唱诗班的协助下，德尔斐的掌事者们在寂静的夜晚唱起了磅礴的和声。单纯的曲调像石柱一样高耸入云，歌手们在柱头、门楣和山墙上铺陈出

---

① ［译按］德摩斯梯尼（公元前384—前322），古希腊著名的演说家，民主派政治家。

② ［译按］梅费尔（Mayfair），英国伦敦市中心的一个区域。梅费尔的边界大致为西到海德公园，北到牛津街，南到皮卡迪利街和格林公园，东到摄政街。该地区大部分地方最初开发于17世纪中叶到18世纪中叶，是伦敦的上流住宅区。

宁静的旋律，直到整个罗马以及周围的平原山谷似乎都变成了一座巨大的音乐殿堂。阿尔巴尼亚山脉的回声则将节奏和韵律传到陡峭的索拉克太山（Soracte）和亚平宁山脉。

* * * * *

柏拉图说：

我不打算担此重任，来决定凡人们的新宗教的走向。宙斯啊，这走向取决于人们在和平与战争中的全部生活，而这一切现在和将来都只掌控在您的手中。但如果让我概述在不久的将来人类宗教可能采取的形式和功能，我还有些信心做做看。这尤其适用于［217］我任务消极的部分。我的意思是，我有可能批评某些思想家提出的新宗教的各种方案，并指出这些方案不会成功的原因。

在某些方面具备杰出才能和成就的人们，比如孔德和他在英国以及其他地方的追随者们，提出了大量此类方案。① 他们试图建立理性的宗教，或者说没有狄俄尼索斯参与的宗教。这是一种徒劳的尝试。

第欧根尼非常公正地指出，所有这些尝试都注定失败。

理性知识传播得越广，门徒人数越多，凡人们就越需要狄俄尼索斯宗教。

如果国家或其他统治阶层不能恰当地提供这种宗教，怪人们和追新逐奇者们就会不恰当地开宗立教。

如果真正的艺术热情能进入大众的内心，而且只有这样，宗教才不必是狄俄尼索斯式的。然而，在由数百万人口构成的国家，这不可能。

---

① ［译按］孔德（Auguste Comte, 1798—1857），法国著名的社会学家，实证主义的创始人。

尼采啊，这就是你作品的伟大之处。在《查拉图斯特拉如是说》中，你虔诚地崇拜阿波罗，但你也同样请求狄俄尼索斯进入神庙。然而，你把信徒限制在少数人，因此你不可能比毕达哥拉斯取得更大的成功，毕达哥拉斯同样也对多数人关闭了他的圣所的大门。

欧洲的问题是，如何让多数人（the Many）感受到阿波罗的光芒（Light）和狄俄尼索斯的力量（Might）。除非做到这一点，否则什么也做不了。[218] 新教能做到这一点吗？加尔文正在快速老去，头发白了不少。罗马天主教能做到吗？

听了柏拉图的这番话，第一首晨间唱诗班的合唱从梵蒂冈飘来。柏拉图停顿了一下。维斯塔贞女们低下了头。恺撒表情丰富的脸上露出了奇怪的笑容，他俯身走到西塞罗身边，在这位伟大的演说家兼政治家耳边低语了几句。宙斯一动不动。

* * * * *

柏拉图接着说：

我们那个时候的罗马人之于我们希腊人，就像新教之于天主教。今天的罗马会被北方的新教徒吸纳同化吗？就像我们被古罗马吸纳同化一样？

马基雅维利啊，你曾经说过，这个世界属于冷酷的心灵。就物质方面而言，这也许完全正确。但对于精神而言，这是否正确？

欧洲北部寒冷，南部温暖。北部地区在最好状态下是浪漫的，在最坏状态下是古怪的。而南部地区状态最好时古典，状态最坏时怠慢不敬。因此，北方的人只会在朦胧中崇拜阿波罗，并以扭曲变形的方式崇拜狄俄尼索斯。而南方的人则甘愿向满怀神圣光辉的阿波罗鞠躬，并且只有通过严格的等级制组织才接受狄俄尼索斯。

有哪个巴赫能写出一首既关于南方又关于北方的"音调和

谐"的赋格曲？[219] 南北方将来能在一种信仰下团结起来吗？

迄今为止，我们只有两种宗教。一种是小国的宗教，如希腊或意大利的宗教。另一种是普世宗教，如耶稣的宗教，其基础是将人作为抽象的、平等的原子。这种适用于任何人的普世宗教，不考虑国家、种族、阶级或职业。然而，现在已经没有了我们过去建立的那种小国，全体欧洲人也并非一个原子式个人组成的巨大集合体。

现在有了新的实体：国家（nations）。

每个国家都会发展出自己的宗教吗？

我认为很有可能。

宗教就像法律和语言一样：一个国家越紧张（high-strung），它的法律和语言就越是与其他国家区别开来。在中世纪，直到12世纪，欧洲还不到50种语言。现在已经远远超过1000种了。

每个国家都有自己崇拜、体现阿波罗和狄俄尼索斯的方式。在充满音乐热情的国家与音乐并非民族灵魂载体的国家中，狄俄尼索斯扮演着不同的宗教角色。如果欧洲被抹平，变成一个欧洲合众国（听到这些话，宙斯面露微笑，带着温和的嘲讽），那么几乎每个国家的每个县都会出现新宗教。

在英格兰，我们可以清楚看到这一进程正在发展。官方教会既不完全是阿波罗式的，也不完全是狄俄尼索斯式的。它是罗马与日内瓦之间某个地方长出来的东西，比如在里窝纳。[1]

[220] 非官方教会，只承认狄俄尼索斯是对诸如清教主义之类缺乏热情之事物的热情（enthusiasm for unenthusiastic matters），而阿波罗则是他们在主日学校里的老师。

---

[1] [译按] 里窝纳（Leghorn），意大利语为 Livorno，里窝纳，意大利中北部城市，其历史可以追溯到古罗马。在文艺复兴时期，里窝纳被认为是"理想的城镇"。现为地中海地区重要的港口和贸易中心。

不可能有例外。一个帝国主义国家不可能同时拥有一个帝国主义宗教，否则该宗教的领袖就会统治帝国。英国人为了他们帝国的利益，瓦解了他们古老的宗教。换句话说，他们的古怪做法一定会遮蔽阿波罗，贬低狄俄尼索斯。

拿一神论者来说吧。由于无法在他们过于理性的宗教中找到狄俄尼索斯的位置，于是他们就一头冲进道德怪癖中，比如全面谴责战争，几乎停留在口头上的病态的慈善，以及其他病态的习惯。

在英格兰，不可能允许宗教成长到羽翼丰满。如果英格兰人失去了他们的帝国，却作为小岛国幸存下来（这一点很值得怀疑），英格兰人会立即改变他们的宗教，其中最先被抛弃的将是国教（Anglicanism）。如果天主教不取代它的话，那么以某种极端形式出现的卫理公会，最有可能取代所有其他宗教。

唯一可能在大英帝国出现的新基督教是印度的基督教。它与英格兰基督教的关系就像希腊教会与罗马教会的关系一样。我不明白英格兰传教士为什么没有在很久以前就将新基督教发扬光大。

大不列颠至今仍不能设计出一个强大的新宗教。

在欧洲大陆，情况则完全不同。[221] 我们衷心希望法国能够摆脱迟钝麻木，将新宗教的热情注入其民族的灵魂。

我们也希望日本人最终将采用与新的大国地位相匹配的宗教。日本人绝不会接受新教，他们可能会接受某种新形式的罗马天主教（Romanism），因为罗马离东京很远，这确保日本人不会受到太多的干涉，而且他们的下一个目标——有数千个岛屿的菲律宾——早已皈依罗马天主教。

在尘世漫游时，经常有人问我，希腊人美丽的宗教能否再次复兴。

这一问题的答案几乎毋庸置疑。我们的宗教与我们独特的政体如此密切相关，所以除非这种政体得到复兴，否则我们的宗教就无法重新融入各民族的生活。

在《王制》中，我预见了自己死后会出现的大多数政治共同体。罗马教会完全证实了我的预言，即哲人当王的政体将是最持久的政体。我对理想政体（ideal Republic）的各个阶层所施加的限制，罗马教会并没有严格遵守，她给这些阶层施加了其他限制。

然而正如我现在所说的，理想（Ideal）越是伟大，我们为之付出的代价就越沉重。

凡人们听信了扶手椅上的专家、百万富翁和追新逐奇者们的话，沉溺于一种幼稚的信念，以为通过消除所有严重的冲突、所有残忍的行为、所有无情的惩罚以及类似的必要条件——而这些必要条件不过是为某种伟大的好（some great good）所付出的必要代价——他们就能把极乐世界拉下来带进集会、市场和社会生活。[222] 凡人们认为，只要放弃在人类这片草地清除所有有害植物的任何尝试，他们就能使世界变得更加人道（humane）。

他们永远不会这么做。如果凡人们想拥有一个比他们现有宗教更好的宗教，他们就不得不为此付出极其沉重的代价。

首先是耶稣受难（Calvary），然后才会有复活。

宗教是一种理想，因此代价极其昂贵。如果人类普遍的兄弟情谊有一天得以实现，哪怕只有一年，为这一崇高理想所付出的牺牲将会是巨大的，以至于人们会立刻退回到另一个极端。

歌德啊，从你口中说出的最富智慧的话莫过于："没有什么比一连三天的美好时光更让人难以忍受。"

我们希腊人知道这个道理。我们实现了许多理想，比任何其他民族实现的都要多。因此，我们存续的时间并不长。不要觊觎星空！满足于小花园里的一间小屋吧。

斯宾诺莎啊，你说得没错，人的全部本质就是贪欲。人欲求与渴望的东西无穷无尽，而对这些，人都想不劳而获。

我们告诉他，没有比满足欲望的商店更昂贵的地方，但这是徒劳。

所有宗教都曾试图灌输"顺从"（resignation）的教义，一种宗教威胁要在尘世施行可怕的惩罚，［223］另一种宗教则威胁要在另一个世界承受永恒的痛苦，但这是徒劳。

顺从是人类最不想做的事。人认为自己如此聪明、如此智慧、如此富有创造性，尤其是如此"进步"（progressive），以至于他会让理想屈从于他的意志（will），就像他对待自然界的一些物质力量那样。人不知道，其他的善（goods）只需要一个人或少数人的牺牲（abnegation），而理想却需要多数人被剥夺（privation）。

如果不是站在下等奴隶的身上，让他们把我们从生活的苦役中解脱出来，我们这些自由的希腊人会是现在这样吗？一个人不可能同时既是自由人又是奴隶。

我深信，为了理想，我们必须做出重大的牺牲。我常常想，我们希腊人，尤其是我自己，把这种对理想的渴求引入人世，因此给欧洲带来更多的是伤害而不是好处。

有多少次，普罗米修斯的命运在千百万被理想击倒的欧洲人身上重演！普罗米修斯被绑在岩石上，老鹰啄食他的肝脏，因为他想把奥林波斯带到尘世。

那种教导人要平静地顺从的宗教，那种使人意识到理想的伟大，使人感觉到理想不是给人的，而是给神的宗教，将会拯救人。

除此别无其他。

这种宗教的教士必须是首先充分彰显"顺从"的人。他们决不能在自己身着紫袍，享有最充分的优先权、权威和荣耀时，却鼓吹"顺从"。[224] 将来会有这样的教士吗？

我表示怀疑。教士们想要的，他们一直想要的，无非就是权威。

教士们创立了寻求权威的科学，并将之发挥得淋漓尽致。他们知道如何给人留下深刻印象。让这些人放弃这种有利可图的事业，我对此不抱希望。因此，未来的宗教的创立者如果不能赋予许多人以极大的权威，就不会取得显著的成功。

与罗马天主教相比，新教的主要弱点是其赋予神职人员的权威不足。这个世界由权威统治；迄今为止，另一个世界也以相同的方式来统治。因此，在我们反思"生活"的开端处以及反思结束的地方，我们都从同一个永恒的真理开始，并回到同一个永恒的真理，即实际生活需要的不是真理本身，而仅仅是效果学（effectology）。

宙斯啊，独立于任何实际效果的真正的真理，只有在您奥林波斯伟大的王座下，才会有它的位置。

我们希腊人的境界比凡人们的境界要高得多，我们敢于将一些真理引入生活。我们直言不讳。我们知道，为了一些人充分发展他们的人性（develop their humanity），另一些男男女女就必须受苦。因此，我们建立了奴隶制，正如我们所做的，蔑视那些在四分之一、三分之一或四分之三的男人或女人中的自由的半吊子措施。我们公开谈论"诸神的嫉妒"，这是人生最深刻的真理之一。[225] 因此，在许多习俗、法律或举措中，我们有勇气将真理恰如其分地置入日常生活平淡的框架中。

这让我大胆地想到，也许有一天会有一个国度、一个共和国，完全建立在永恒真理之上。所以我写了《王制》，是希望它能成为所有时代、所有人类的警示（beacon-fire）。

现在我更加清楚，无论是在宗教还是在科学中，人们想要的都是有效果（effectologlcal）的真理，而不是真理本身。我的《王制》，就像我的其他著作一样，为我在奥林波斯赢得了一席之地，却没能让我征服下界（nether-world）的任何一个城镇。

我自己也学会了顺从。

真理，就像美和善一样，并不是为凡人们准备的。但在任何时代，凡人都会到我们的圣地朝圣。古往今来，他们都会膜拜雅典和强大的罗马，将之视为人类的真正家园（true home of humanity），那个时代和那些人，拥有求真之神圣勇气和大美之拯救恩典（saving grace of Beauty）。

宙斯和朱诺从黄金和象牙的宝座上起身。夜幕渐轻渐亮，在墨丘利的示意下，① 整个神圣的集会离开他们的位置，穿过天空，朝着奥林波斯飞去。

（完）

---

① ［译按］墨丘利（Mercury），罗马神话中众神的使者，罗马十二主神之一，对应希腊神话中的赫耳墨斯。